O EVANGELHO DE JOÃO

Dados internacionais de Catalogação na Publicação (CIP)
(Câmara Brasileira do Livro, SP, Brasil)

Bíblia, N.T. João

O evangelho de João / [traduzido e comentado para o francês por] Jean-Yves Leloup ; [tradução de Guilherme João de Freitas Teixeira. 4. ed. – Petrópolis, RJ : Vozes, 2012.

Título original : L'Évangile de Jean.

6ª reimpressão, 2025.

ISBN 978-85-326-2320-1

I. Bíblia. N.T. João – Crítica e interpretação 2. Bíblia. N.T. João, 1-18 – Crítica e interpretação I. Leloup, Jean-Yves. II. Título.

00-0404 CDD-226.506

Índices para catálogo sistemático:

1. Evangelho de João : Interpretação e crítica 226.506

Jean-Yves Leloup

O EVANGELHO DE JOÃO

Traduzido para o francês e comentado
por Jean-Yves Leloup

Tradução de
Guilherme João de Freitas Teixeira

EDITORA
VOZES
Petrópolis

22, rue Huyghens, 75014 Paris

Tradução realizada a partir do original em francês intitulado
L'Évangile de Jean

Direitos de publicação em língua portuguesa no Brasil:
2002, Editora Vozes Ltda.
Rua Frei Luís, 100
25689-900 Petrópolis, RJ
www.vozes.com.br
Brasil

Editoração e org. literária: Enio P. Giachini
Capa: WM design
Imagem de capa: São João Evangelista em Patmos. National Gallery, Londres (Velásquez)

ISBN 978-85-326-2320-1 (Brasil)
ISBN 2-226-03666-0 (França)

Este livro foi composto e impresso pela Editora Vozes Ltda.

Sumário

Introdução

Ler o texto: o sopro e a brasa

Rabi Natan de Beit Govrin dizia: "Convém que a humanidade fale quatro idiomas: o grego para a poesia, o persa – outros dizem o aramaico – para as elegias, o hebraico para o diálogo e o latim – *romi* (a língua ocidental) – para a guerra..."[1]

No Evangelho de João existe grego e hebraico, ou seja, o espaço da letra está aberto aí para a poesia e para o diálogo, espaço para um pensamento do ser sem esquecimento do outro[2]. A menos que venham a ser descobertos novos manuscritos, por enquanto só podemos lê-lo em grego e, desta forma, ele nos dá a ver e a contemplar "o Verbo da vida"; mas os numerosos semitismos do texto convidam-nos também a escutá-lo, discuti-lo e "dialogar" com ele...

Haveria no Evangelho de João um encontro possível do pensar grego com o pensar semita capaz de renovar o campo da hermenêutica contemporânea?

A propósito de Heidegger, Paul Ricoeur observa que "ele chegou a pensar, às vezes, a partir do Evangelho e da teologia cristã; mas, evitando sempre o maciço hebraico que é o estranho absoluto em relação ao discurso grego, ele evita o pensamento ético com sua dimensão de relações com o outro e com a justiça [...] e não reconhece sua radi-

---

1. YERUCHALMI, Mequilah, cap. 1, halakha 9, apud BANON, David, *La Lecture infinie*. Paris: Éd. du Seuil, p. 186.

2. 2. Cf. LELOUP, Jean-Yves. Approche métaphysique et éthique du visage de l'homme. In: *Visage* – Sens et contresens. [s.l.]: Eshel, 1988.

cal diferença relativamente ao pensamento ontológico. Esse desconhecimento parece-me paralelo à incapacidade de Heidegger de dar um "passo atrás" de maneira que pudesse permitir pensar adequadamente todas as dimensões da tradição ocidental.

> A tarefa de pensar a tradição cristã por um "passo atrás" não exigiria que fosse reconhecida a dimensão radicalmente hebraica do cristianismo que, antes de tudo, está enraizado no judaísmo e somente depois na tradição grega?[3]

Um "passo atrás" não quer dizer necessariamente retroversão do grego em hebraico conforme a proposta de alguns[4], mas trata-se de apresentar uma tradução do texto que, no mínimo, respeite o sabor semita do grego joânico. Isso não facilita sua leitura, mas é um convite ao leitor para que aproxime seu sopro dessas brasas obscuras e para que – nesse esforço de escuta que é o primeiro passo do diálogo – estas lhe revelem seu peso de luz e calor.

> Nossos mestres ensinam que todas as suas palavras são semelhantes a brasas (Avot 2,10). [Por quê? Porque] se orientares teu sopro em direção à brasa – na aparência, sufocada pela cinza e contendo apenas uma centelha –, conseguirás reanimá-la retirando as cinzas e atiçando-a com o sopro. E quanto mais soprares, tanto mais viva será a chama e tanto maior será a propagação do fogo até que este se transforme em foco incandescente. Então, poderás tirar proveito dele, iluminar-te com seu clarão e esquentar-te perto das brasas [...], mas somente a uma certa distância, sem que tenhas a possibilidade de tocar nele [...] porque, considerando que as brasas se tornaram ardentes, devem ser utilizadas com precaução, para evitar o perigo de te queimares [...]. Mesmo que suas palavras nos pareçam simples e sem envergadura, na realidade, sob a força do martelo, elas disseminam-se; com efeito, quanto mais essas

---

3. RICOEUR, Paul. "Note introductive". In: *Heidegger et la question de Dieu*. Paris: Grasset, 1980, p. 19.

4. Em particular, DUBOURG, Bernard. *L'Invention de Jésus* – l'hébreu du Nouveau Testament. Paris: Gallimard, 1987. Cf. igualmente Claude Tresmontant e as críticas suscitadas por seus trabalhos in: GRELOT, Pierre. *Évangiles et tradition apostolique*. Paris: Éd. du Cerf, 1984.

palavras forem trituradas e analisadas de forma meticulosa, tanto mais nossos olhos serão iluminados com o brilho de sua luz viva e tanto mais fácil será encontrar um conteúdo, como é afirmado por nossos mestres (Avot 5,22): "Vira e volta a virar, porque tudo está aí [...]"[5].

Rabi Hayim de Volozhine lembra-nos assim qual deve ser a nossa participação, como leitores, para que a chama do sentido se manifeste na sarça espinhosa da letra, mas lembra-nos, igualmente, que uma aproximação maior acaba tornando inacessível o sentido; e eis aí a experiência que todo homem de desejo pode fazer quando se debruça sobre um "livro santo". Neste caso, a palavra não se torna "objeto de conhecimento", "algo a ser compreendido", mas epifania de uma presença que se oferece a uma liberdade sem nada alienar da sua.

Aliás, é por isso que a tal livro se dá o nome de "livro santo", sendo que a santidade[6] é o que torna irredutível uma autêntica alteridade.

O Evangelho de João é, assim, palavra de homem, mas também palavra de Deus; esta pertence a um outro tempo e a um outro espaço, daí sua estranheza; mas pertence também ao que não é do tempo nem do espaço, daí por vezes essa radical alteridade, sua "santidade". Se a tradução respeitar a estranheza (a dimensão histórica e humana do texto) e respeitar também a alteridade (a santidade, a inspiração do texto), resta-nos ficar admirados com gratidão que esse texto ainda seja legível! Mas de uma leitura não explicativa, não ideológica... que não nos dispensa de nossa liberdade de interpretação.

O Evangelho de João não nos leva somente a pensar, mas também a acreditar e a ficar com dúvidas... e, talvez, ainda mais, a vivê-lo, a pô-lo em prática.

---

5. VOLOZHINE, Rabi Hayim de. Apud LÉVINAS, E. In: *L'Au-delà du verset*. Paris: Éd. de Minuit, 1982, p. 135.

6. "Quodes" – coisa sagrada – santidade deriva de uma raiz que significa: "cortar – separar". O santo é o outro, o completamente outro.

"Aquele que 'faz' a verdade vem à luz", não será um convite ao que, em seu livro *La Lecture infinie*, David Banon chama "a exegesética"? – "O homem é mais o resultado de seus atos do que a consequência de suas ideias..."[7]

Os "entrelaçamentos" ou os prazeres do hermeneuta

Quando se afirma que abordar o Evangelho de João é como aproximar-nos de um "braseiro", ainda não se disse tudo; o Evangelho é também "um feixe de entrelaçamentos". Segundo a expressão lacaniana: "A palavra não é signo, mas 'entrelaçamentos' de significação"[8].

Esses entrelaçamentos são as amarras do texto, ligam-nos ao sentido em sua inevitável polissemia: excesso do significado em relação ao significante,

> um resto necessariamente não formulado do pensamento que a linguagem deixou na sombra, resíduo que é sua própria essência, impelida para fora de seu segredo; mas comentar (ou traduzir) supõe também que esse não falar esteja adormecido na palavra e que, por uma superabundância própria ao significante, seja possível – interrogando-o – fazer falar um conteúdo que não estava explicitamente significado [9].

O nó é, assim, não um entrave, mas o lugar privilegiado do diálogo, onde exatamente este encontra lugar na trama de um contexto e na abertura de um horizonte:

> Adquirir um horizonte significa sempre aprender a ver para além do que está perto, demasiado perto, não para evitá-lo da vista, mas para apreendê-lo, abarcado em um conjunto mais vasto e em proporções mais justas[10].

---

7. BANON, David. *La Lecture infinie*. Paris: Éd. du Seuil, 1987..

8. LACAN, Jacques. *Écrits*. Paris: Éd. du Seuil, p. 166.

9. FOUCAULT, Michel. *Naissance de la clinique*. Paris: PUF, 1963.

10. GADAMER, Hans-Georg. *Vérité et méthode*. Paris: Éd. du Seuil, 1976, p. 146 [Verdade e método – Traços fundamentais de uma hermenêutica filosófica. 3. ed. Petrópolis: Vozes, 1999 (N.T.)].

Nesse texto grego do Evangelho, é afirmado algo a mais do que o grego consegue conter.

Essa aliança dos horizontes helênico e judaico não se presta facilmente para pensar. Pelo contrário, na história da exegese recente, tudo foi feito para opô-los, exagerando seu lado puramente grego – "obra-prima de sincretismo" –, ou seu lado puramente semita – *veritas hebraica*.

A título de exemplo, eis alguns juízos proferidos pelos exegetas durante os últimos cinquenta anos:

> O Evangelho de João é essencialmente helênico; não tem nada em comum com o judaísmo, liga-nos através do essenismo a Pitágoras e, até mesmo, ao druidismo[11].

> João pode conter alguns fragmentos de uma autêntica tradição, mas, no conjunto, trata-se de ficção[12].

> O que os cristãos chamam o Novo Testamento compõe-se apenas de livros gregos; as Epístolas de Paulo foram escritas para os gregos; é na Ásia grega que se encontram as Sete Igrejas às quais é dirigido o Apocalipse.
>
> Todos os dogmas cristãos foram formulados em grego, em Concílios gregos [...].
>
> Seja qual for a parte do judaísmo na revolução cristã, a do helenismo é muito mais considerável. Os dois primeiros Evangelhos são ainda mais helênicos do que as Epístolas de Paulo, o terceiro Evangelho e o livro dos Atos ainda mais; quanto ao quarto Evangelho, por assim dizer, nele não resta mais nada do judaísmo[13].

> Por detrás do Quarto Evangelho, existe uma tradição antiga, diferente da tradição dos outros Evangelhos e que merece uma

---

11. LE COUR, Paul. *L'Évangile ésotérique de St. Jean*. Paris: Dervy Livres, 1983, p. 12.

12. LAKE, Kirsopp apud HUNTER, A.M. *St. Jean, témoin du Jésus de l'histoire*. Paris: Éd. du Cerf, 1968, p. 9.

13. HAVET, Ernest. *Le Christianisme et ses origins*. Tomo 1, p. 2 [s.n.t.].

séria atenção. Tal tradição contribui para nosso conhecimento dos fatos históricos relativos a Jesus Cristo[14].

O texto hebraico do Quarto Evangelho foi elaborado por uma testemunha ocular, por alguém que acompanhou, viu e ouviu o Senhor, e que, na última noite, o recebeu em sua própria casa, em Jerusalém[15].

Entre o "texto de pura ficção" e a "narrativa da testemunha ocular", entre "o escrito em grego" e "o escrito em hebraico", existe espaço para múltiplas nuanças...

Rudolph Bultmann colocará em evidência o pano de fundo gnóstico do Evangelho, K.G. Kuhn de Heidelberg será o primeiro a chamar a atenção para a importância dos manuscritos do Mar Morto em vista da justa compreensão do texto. A propósito do Evangelho de João, O. Cullmann continuará a defender sua tese do enraizamento do cristianismo primitivo em um judaísmo palestino marginal etc.

Esses juízos pronunciados, às vezes, de uma forma precipitada demais têm, pelo menos, o mérito de mostrar-nos a riqueza polissêmica do texto.

Isso continua sendo verdadeiro para o estabelecimento da data de composição do Evangelho:

A descoberta, em 1920, do fragmento de Rylands, papiro egípcio que comporta trechos do Quarto Evangelho, e publicado em 1935, prova que este circulava no Egito por volta de 130 d.C.; além disso, se contarmos o tempo de uma geração para que o livro tenha chegado de Éfeso para ser conhecido neste país, ele não deve ter sido escrito depois do ano 100 d.C. A data que lhe será atribuída há de variar segundo se está ou não convencido de que João conhecia

---

14. DODD, C.H. (1963). *La Tradition historique du Quatrième Évangile*. Paris: Éd. du Cerf, 1987.

15. TRESMONTANT, Claude. *Évangile de Jean*. Paris: Oeil, 1984, p. 554.

os Evangelhos de Lucas ou de Marcos: neste caso, depois do ano 90 ou antes do ano 80?

Claude Tresmontant observa que o Quarto Evangelho ignora as perseguições desencadeadas pelos imperadores romanos a partir do ano 64 ou 65; não conhece a condenação à morte de Tiago, em 62; para o biblista, o texto teria sido escrito imediatamente após a morte de Jesus, "em hebraico, traduzido do grego por aquele que fala de João como do discípulo bem-amado, observação que ele não faria a respeito de si mesmo". Na obra *Évangiles et tradition apostolique*[16]. Pierre Grelot mostra a fragilidade dessa tese e parece preferir o final do primeiro século, como data possível da redação do Evangelho de João.

A maioria dos exegetas parece que não consegue pensar a não ser por "ou – ou": "ou" esses relatos são feitos por uma testemunha ocular e, portanto, são historicamente verdadeiros, "ou então", esses relatos são construções tardias, ricas em ensinamentos teológicos, mas sem fundamento histórico.

O "nó" não será, justamente, o que mantém em conjunto a história e a teologia, o fato bruto e sua interpretação?

A divergência das opiniões exegéticas poderia conduzir-nos à dúvida ou ao relativismo reinante; pelo contrário, ela estimula nossa reflexão. Como observava o Cardeal Newman: "Da mesma forma que dez mil pôneis não formam um cavalo, assim também dez mil dificuldades não fazem uma dúvida".

Domesticar um cavalo selvagem exige mais paciência e *savoir-faire* do que montar um burro; na abordagem dos livros sagrados, existe uma parte de aventura em que, às vezes, temos a impressão de "perder as rédeas", em uma neblina de areias, longa como um deserto, antes de reencontrarmos alguns oásis de sentido para saborearmos, de novo, o "prazer do texto"...

---

16. GRELOT, Pierre. *Évangiles et tradition apostolique*. Paris: Éd. du Cerf, 1984.

> Admite-se, comumente, que ler é decodificar: letras, palavras, sentidos, estruturas, e isso é incontestável; mas, ao acumular as decodificações, uma vez que a leitura é infinita por direito [...], o leitor é tomado por uma reviravolta dialética: finalmente, ele não decodifica, mas sobrecodifica; não decifra, mas produz, amontoa linguagens, deixa-se atravessar por estas de uma forma infinita e incansável: ele é essa travessia[17].

No entanto, essa leitura do hermeneuta não é somente pelo "prazer do texto", mas conduz para a fase derradeira do prazer que é adoração. Se não for a adoração é, pelo menos, o encantamento diante da transcendência e da alteridade do texto porque "esses textos não se deixam, de modo algum, converter em saber, ou seja, eles desfazem a adequação total ou perfeita entre o pensamento e o que este pensa. De fato, eles exigem uma abordagem paciente e uma leitura infinita"[18].

O Evangelho não é portanto objeto de conhecimento entregue à minha compreensão, mas uma "reserva inesgotável de significações"[19]; daí, a responsabilidade do leitor, que não é "passivo" diante do texto, mas que o termina e o completa, inclusive em seus atos.

Como afirmavam os rabinos do Talmude de Jerusalém: "Não se trata de uma palavra vã e, se ela o for, é por causa de vocês, por não terem despendido os esforços suficientes para que ela revele suas significações. Tudo isso para que você saiba que aquele que se consagra de corpo e alma a esse trabalho consegue descortinar o sentido".

A transcendência só se revela no esforço imanente da interpretação, o ser dá-se a pensar no diálogo paciente com o outro.

O Evangelho de João é uma "logofania", uma palavra na qual o desvelamento do ser e a presença do outro se encontram entrelaçados na pluralidade das significações.

---

17. BARTHES, Roland. *Le Bruissement de la langue*. Paris: Éd. du Seuil, 1984, p. 46.

18. BANON, David. Op. cit., p. 251.

19. ECO, Umberto. *L'Oeuvre ouverte*. Paris: Éd. du Seuil, 1965.

Hermenêutica e tradição

O prazer do texto não é prazer solitário, mas está inserido em uma tradição. Além de ser diálogo com Deus, é também diálogo com aqueles que ouviram sua palavra, confronto com o que perceberam dela. "Compreendê-lo deve ser considerado menos como uma ação da subjetividade do que como uma inserção no processo da tradição onde se mediatizam, constantemente, o passado e o presente[20].

Além disso, a Segunda Epístola de São Pedro lembra com vigor "que nenhuma profecia da Escritura é de interpretação pessoal porque jamais uma profecia se proferiu por vontade humana, mas foi pelo impulso do Espírito Santo que homens falaram da parte de Deus"[21]. Trata-se, portanto, de situar-nos no mesmo Espírito, de deixar-nos inspirar por ele, para podermos ler e compreender.

Será que esse Espírito é a propriedade de uma tradição particular: judaica, cristã, ortodoxa, católica romana?

Formular dessa forma a questão seria confundir tradição com instituição! Uma tradição pode ser veiculada ou conservada por uma instituição particular, no dinamismo da fidelidade e de inovação que a caracteriza; todavia, transborda essa instituição. O que afirma David Banon a propósito da tradição judaica e da Torá pode também ser pensado a propósito da tradição que nos transmite o Evangelho:

> A tradição não consiste, essencialmente, em preservação ou em transmissão de uma "herança". Não se trata de um grilhão atado ao nosso pé. Não é a transmissão mecânica de modelos fixados uma vez por todas, mesmo se, para um olhar desatento, ela deixe tal impressão [...][22]

---

20. GADAMER, Hans-Georg. Op. cit., p. 121.

21. Segunda Epístola de São Pedro 1,20-21.

22. Cf. David Banon, o belo capítulo "O recurso à tradição" de *La Lecture infinie*, p. 63-115.

Pressentindo o caráter de morbidez que evoca o termo herança, os mestres do Talmude não hesitaram em fazer um trocadilho com as palavras do versículo do Deuteronômio: "É para nós que ele ditou a Torá a Moisés, herança (*moracha*) da comunidade de Jacó" (Dt 33,4).

Eles leem "meorassa" (noiva), em vez de "moracha" (herança)[23]. Nesse caso, a Torá, o Evangelho, já não são "testamentos", mas "noivas"! Escrituras a serem abraçadas intimamente, a serem dançadas. A verdade que elas nos transmitem não é uma soma de conceitos, mas uma presença irradiante, "alguém" que encontra nosso desejo de sentido e procura satisfazê-lo convidando-nos, de novo, para uma "aventura": "Vinde e vede... "!

Assim, o Evangelho de João é, antes de tudo, o encontro de Jesus Cristo, o noivo, o "Esposo" da comunidade que nos transmite suas palavras... A tradição em que podemos ler o Evangelho é a tradição apostólica. Em que aspecto essa tradição se distingue da tradição judaica?

> No caso da tradição judaica, os materiais transmitidos diziam respeito somente às opiniões, decisões jurídicas e explicações das Escrituras fornecidas pelos doutores: eram elas que constituíam a "tradição dos antigos" (Mc 7,3-9). A vida dos mesmos doutores não entrava por ela própria no quadro dos materiais a serem memorizados e conservados. Com certeza, esporadicamente, sobreviveram lembranças; mas, em geral, só foram coletadas, mais tarde, nos Talmudes de Jerusalém (século IV) e da Babilônia (século V-VI) ou nos *midrashim* contemporâneos [...].
>
> No caso de Jesus, seus comportamentos, sua experiência de homem, o drama de sua vida (sua paixão, morte e ressurreição) não eram menos importantes do que suas palavras.

---

23. Talmude, Bavli, Tratado Pessahim 49b. O termo *moracha*, cuja raiz (Yod-Resh-Chine), vocalizado de forma diferente e deslocando o ponto diacrítico do *chine* (ch) da direita para a esquerda, pode ser lido *meorassa* (noiva).

> O registro de tudo isso nas memórias e depois a fixação das lembranças correspondentes eram, portanto, essenciais para a própria fé. Além disso, para os cristãos, Jesus não era somente uma personagem do passado, mas uma presença atual [...]
>
> A compreensão de suas palavras, de sua vida, de sua pessoa deveria aprofundar-se no âmago da tradição viva, seja na memorização oral transmitida pelas "testemunhas oculares" e seus ouvintes, seja nas primeiras fixações escritas[24].

Já observamos que a diferença entre a tradição judaica e a tradição grega dos filósofos estava em sua relação com o texto: o grego procura nele o desvelamento do ser, enquanto que o semita vai, por seu intermédio, ao encontro do outro.

Na tradição cristã, um fato novo modifica a relação com o texto: o outro tomou um rosto humano; o desvelamento do ser manifesta-se em um "Eu Sou" em ato de ternura. Tanto para os Padres da Igreja, como para a tradição apostólica, Jesus Cristo será, ao mesmo tempo, o sujeito e o objeto das Escrituras. De certa maneira, pode-se dizer que ele é sua exegese (aquele que a Sagrada Escritura revela), tanto no sentido ativo, como no sentido passivo: o LOGOS.

Foi Martin Heidegger que, no livro *Ensaios e conferências*, observou que Logos é, ao mesmo tempo, "*legein* = enunciar" e "*legomenon* = o que é enunciado".

Sem recorrer à filosofia, bastaria citar o próprio Evangelho: "Esquadrinhai as Escrituras, elas dão testemunho de mim" (Jo 5,39).

E ainda: "Começando por Moisés e passando por todos os profetas, foi-lhes explicando tudo que a ele se referia em todas as Escrituras" (Lc 24,25-35).

Essa referência permanente ao Cristo, escondida sob a letra, não exclui o leitor e sua interpretação. Pelo contrário, uma vez que o que foi vivido pelo Cristo deve igualmente tornar-se vivo em cada um de nós.

---

24. GRELOT, Pierre. Op. cit., p. 79.

O Evangelho é não só revelação de Deus, mas também, no mesmo movimento, revelação do homem.

O desvelamento do ser devolve, a cada ser, seu peso particular de presença. A revelação do outro implica diante de qualquer outro o dever e o prazer de amá-lo em sua proximidade e em seu inacessível segredo.

A leitura dos Evangelhos na tradição cristã é, ao mesmo tempo, uma contemplação e uma ação, sendo que os dois aspectos não podem excluir-se. Orígenes dá a seguinte precisão: "É necessário ser cristão pelo espírito e pelo corpo, e onde tivermos de anunciar o Evangelho corporal e afirmar, entre os homens, 'não saber coisa alguma senão Jesus Cristo e este crucificado' (1Cor 2,2), devemos fazê-lo. Mas quando os encontramos instruídos pelo Espírito, falando dos frutos de toda obra boa (Cl 1,10) nele e desejando a sabedoria celeste, importa levá-los a participar do Verbo, voltar após a encarnação ao que ele 'era, no começo, voltado para Deus' (Jo 1,2)"[25].

Na Igreja, são numerosos os comentaristas do Evangelho de João; todos insistirão, como Orígenes, na necessidade de uma transformação da inteligência pelo Espírito (o *Pneuma*) para compreendê-lo em suas profundezas, porque, segundo o nível de inteligência de cada um, a Sagrada Escritura diferencia suas respostas. "À medida que, pela meditação das Escrituras, nosso espírito se renova, a força das Escrituras começa também a renovar-se e a beleza de uma significação mais sagrada vai crescendo, por assim dizer, à medida de nosso progresso" [26].

A tradição cristã medieval, na esteira dos Padres da Igreja, voltará frequentemente a essa abertura progressiva da inteligência às espessuras do sentido. Acabará distinguindo quatro níveis de interpretação da Sagrada Escritura: nível histórico, alegórico, tropoló-

---

25. ORÍGENES. *Commentaire sur St. Jean*. Paris: Éd. du Cerf, p. 71.

26. João Cassiano, col. 14, CII.

gico ou moral e anagógico. Assim, o Evangelho de João pode ser lido como uma narrativa histórica que nos relata a história admirável de um homem chamado Jesus de Nazaré. Pode-se lê-lo também como uma narrativa simbólica em que os atos e as palavras de Jesus devem ser considerados, antes de tudo, por seu alcance teológico. Ainda é possível lê-lo como um ensinamento moral, na medida em que os atos e as palavras do Cristo mostram-nos e ensinam-nos "o que devemos fazer", a maneira justa de viver[27].

Esses níveis de interpretação não são excludentes, da mesma forma que, no Cristo, o corpo, a alma, o pensamento e a divindade também não o são.

Esse método dos "quatro sentidos" faz-nos lembrar as vias da interpretação dos *midrashim* em relação ao que foi designado por "pardes"[28].

> Partimos do texto que é considerado ao pé da letra para apreendermos o sentido que, segundo acreditamos, está ao alcance da mão. Essa significação óbvia "encontra-se no texto". É o *pshat*: o sentido simples, literal, que o texto contém explicitamente. Basta desmontá-lo para apreendermos seu sentido.
>
> É o que sugere a etimologia da raiz *pshat*. Esse sentido óbvio pode ganhar uma extensão mais considerável, ampliar-se (*hitpashtute*), estender-se, ao mesmo tempo que permanece no mesmo plano.
>
> Mas, como o texto pode falar por alusões ou encobertamente, ser demonstrativo ou dissimulador, existe, em seguida, a alusão, a piscadela, o "remeze". Por uma espécie de piscar semafórico, o texto vai sugerir um outro plano de sentido. Essa sugestão pode extraviar-nos ou conduzir-nos para uma significa-

---

27. Cf. LUBAC, Henri de. *Exégèse médiévale*. 4 vols. Paris: Aubier, 1954-1964.

28. Termo constituído pelas letras *pê, resh, dalet* e *samekh*, que vão servir de iniciais às seguintes palavras: *pshat* (significação óbvia), *remeze* (significação alusiva), *drash* (significação "arrancada", procurada, solicitada) e *sod* (significação secreta).

ção secundária implícita, mas também pode reforçar a significação primária, fundamental.

Depois vem o *drash*, raiz que deu o *midrash*. É a intenção profunda do texto, solicitada a partir do contexto, com uma experiência pessoal, o sentimento do inexprimível, do transvasamento do conteúdo em cima do continente. O próprio inexprimível é o *sod* – o segredo – que, com o fechamento do circuito, deveria ser restituído no *pshat*[29].

Pode-se pensar, igualmente, nas quatro etapas da *Lectio Divina* entre os monges: leitura – meditação – contemplação – assimilação. Ou ainda nos quatro *Existenzialen* de Karl Barth[30], atitudes fundamentais para qualquer tarefa teológica: encantamento – emoção – comprometimento – fé, sendo que esses quatro termos devem ser tomados em uma dialética tanto ascendente, quanto descendente, porque "não será que aprendemos com Platão que a dialética ascendente é a mais fácil e que é no trajeto da dialética descendente que se declara o verdadeiro filósofo?"[31]

Assim, não será a meditação do Evangelho esse incessante vaivém do exterior para o interior da letra, para o Espírito, do segredo do homem para o segredo de Deus, do mistério de meu ser para o mistério de Jesus Cristo?

Em algumas linhas, Bossuet resume bastante bem o que foi a exegese na tradição dos "Padres":

> Deve-se reconhecer que tudo o que é mais verdade, por assim dizer, na religião cristã, é ao mesmo tempo mistério e sinal sagrado.
>
> A encarnação de Jesus Cristo configura-nos a união perfeita que devemos ter com a divindade na graça e na glória. Seu nascimento e morte são a figura de nosso nascimento e de nossa morte espirituais.

---

29. BANON, David. Op. cit., p. 205.

30. BARTH, Karl. *Introduction à la théologie évangélique.* [s.l.]: Labor et Fides.

31. RICOEUR, Paul. *La Tâche de l'herméneutique*, p. 196.

> Se, no mistério da Eucaristia, ele digna-se aproximar-se de nossos corpos em sua própria carne e em seu próprio sangue, através desse gesto ele nos convida para a união dos espíritos, e mostra-nos tal união; por último, enquanto não tivermos chegado à plena e manifesta verdade que nos há de tornar eternamente felizes, toda verdade será para nós a imagem de uma verdade mais íntima[32].

O autor do Quarto Evangelho

Depois de termos reconhecido o texto como braseiro, entrelaçamento de significações, tradição viva, desvelamento de uma presença, será que podemos dizer algo sobre seu autor ou seus autores?

Foi proposta uma solução radical que, *a priori*, tornaria supérfluas todas as tentativas de identificação histórica[33]: João, o discípulo bem-amado, não seria uma personalidade histórica, mas antes uma figura simbólica, o símbolo do discípulo ideal.

A isso poderíamos acrescentar que o fato de ver no discípulo bem-amado um arquétipo não nega obrigatoriamente a encarnação histórica de tal arquétipo. João pode encarnar simbólica "e" historicamente a atitude do discípulo bem-amado.

Outros viram nele a personificação de determinado grupo do cristianismo primitivo. Para Bultmann, trata-se do cristianismo helenístico, oposto ao judeu-cristianismo, representado pela Mãe de Jesus e Pedro. Para A. Kragerud, trata-se do cristianismo profético em contraste com o institucional. Segundo a maneira como é definido o caráter do grupo joânico, a interpretação "coletiva" do discípulo apresenta ligeiras variantes.

Autor "símbolo", autor "coletivo"?

O que nos diz a tradição a esse respeito?

---

32. BOSSUET. *Histoire des variations I*, 4 n. 12.

33. A. Jülicher, A. Loisy, M. Goguel...

Santo Irineu declara que "João, o discípulo do Senhor, que se reclinou em seu peito, foi quem escreveu o Evangelho, enquanto morava em Éfeso".

Esse testemunho é confirmado pelo Cânon de Muratori, Polícrates de Éfeso, Clemente de Alexandria, Tertuliano e Orígenes.

Irineu acreditava que o Evangelho era a obra do Apóstolo João. Se foi dada uma atenção particular a seu testemunho, isso aconteceu porque, ainda criança, ele tinha ouvido Policarpo falar sobre suas relações com João, o discípulo do Senhor.

A Igreja antiga identifica também o discípulo bem-amado com o Apóstolo São João, filho de Zebedeu, ao mesmo tempo que o reconhece como o autor do Evangelho.

> Poucas tradições antigas apresentam tal continuidade e unanimidade, por mais longe que recuemos no tempo. Aliás, essa tradição é extremamente discreta, e se nos dá sobre São João alguns detalhes, em harmonia com a fisionomia espiritual do Evangelho, não chega a dissipar o mistério que o envolve[34].

Claude Tresmontant não gosta muito de mistério; cita uma carta de Polícrates, bispo de Éfeso, enviada ao Papa Vítor (sumo pontífice entre 189 e 198). Essa carta nos foi transmitida, parcialmente, por Eusébio de Cesareia[35]:

> É na Ásia que grandes astros repousam, dormem o sono da morte, sepultados junto dos pais. Hão de erguer-se no dia da vinda do Senhor, no dia em que ele virá com glória dos céus e erguerá todos os santos; Felipe, um dos doze enviados, que está sepultado com os pais em Hierápolis, e duas de suas filhas, que continuaram virgens até a velhice; e outra de suas filhas que permaneceu no Espírito Santo. Ela repousa em Éfeso.
>
> E depois, Ioannes, aquele que reclinou a cabeça no peito do Senhor; ele nasceu *hiereus*, ou seja, *kohen*, usou o diadema [em

34. BOUYER, Louis. *Le Quatrième Évangile*. Paris: Casterman, p. 13.

35. Cf. CESAREIA, Eusébio de. *Histoire écclésiastique* V, XXIV.

> hebraico, *tzi hazahab*], a lâmina de ouro, na qual estava escrito: "Consagrado a YHWH"[36]; ele foi testemunha [em grego, *martus*] dos acontecimentos e ensinou, ele foi *didaskalos*. Este, em Éfeso, está sepultado com os pais [...].

Eis o comentário de Tresmontant a essa carta:

> Esse documento de Polícrates, bispo de Éfeso, fornece-nos um ponto de vista em torno do qual se ordenam, perfeitamente, todas as informações de que dispomos, sobre o autor do Quarto Evangelho. Provavelmente, ele foi discípulo de João Batista.
>
> Tem uma casa em Jerusalém. É nela que o Senhor fez a última Páscoa. No entanto, apresenta um calendário que não é o do grupo dos galileus reunidos em volta do Senhor.
>
> Seu Evangelho está centrado em Jerusalém.
>
> Por conhecer o sumo sacerdote desse ano, tem acesso à sua casa. Pode dar ordens à criada que serve de porteira. Esta não o manda sair, mas obedece-lhe. Ele esconde-se, esconde seu nome quando seu Evangelho é traduzido do hebraico para o grego porque recebe ameaças de morte. Após a morte e a ressurreição do Senhor, toma Mariam em sua casa. É de Mariam que obtém várias informações, por exemplo, o que o Senhor disse por ocasião da festa de Caná, na Galileia.
>
> Ele era o discípulo predileto do Senhor porque, do ponto de vista teológico, era o mais sábio e o mais apto para compreender o ensinamento teológico de alta envergadura do Senhor.
>
> Foi o único a conservar e transmitir esse ensinamento de alta envergadura ministrado por ocasião da última noite. Hesita em entrar no túmulo porque isso é proibido a um sacerdote. Entra no túmulo porque o Senhor está vivo.
>
> Todas as informações de que dispomos pelo próprio texto do Quarto Evangelho confirmam o que nos diz Polícrates de Éfe-

---

36. Cf. Ex 28,36; 39,30; 29,6 e Lv 8,9.

so na carta enviada ao Papa Vítor: João, o autor do documento hebraico que chamamos Quarto Evangelho, era sacerdote. Não era um galileu analfabeto, mas um judeu sábio e, inclusive, muito sábio[37].

Sacerdote sábio, pescador das margens do Lago, filho de Maria, filho do trovão, idoso amante, profeta de apocalipse, discípulo bem-amado, águia-apóstolo, teólogo-evangelista... são inumeráveis as fisionomias de João, e se – na iconografia – temos prazer em representá-lo sob a imagem da águia é porque não se deixa apreender facilmente...

É verdade que alguns preferem representá-lo sob os traços fisionômicos de Janus:

> Existe identidade entre Janus e São João. Temos uma prova disso no fato de que, entre os romanos, as duas festas do solstício eram celebradas, em honra de Janus, pelos colégios dos nobres; ora, nas mesmas datas, atualmente, celebram-se as duas festas de São João do Verão e de São João do Inverno (24 de junho – 27 de dezembro). Os dois rostos de Janus correspondem aos dois São João: o Batista severo e o Apóstolo, pleno de doçura. Os construtores de catedrais utilizaram a figura de Janus que é representado duas vezes na catedral de Chartres, segurando e cortando o bolo de reis que contém a fava[38].

O mesmo autor prossegue:

> Um aspecto de Ioan que nunca foi levado em consideração é ver nele o sucessor do Deus da Atlântida, Posêidon (cujo nome significa "formas numerosas": *posos eidonis*).
>
> Com efeito, Posêidon foi considerado como o senhor da terra e foi o que Ioan acabou sendo.
>
> Posêidon era o chefe dos cavaleiros, o que Ioan também foi.

---

37. TRESMONTANT, Claude. Op. cit., p. 552-553..

38. LE COUR, Paul. *L'Évangile ésotérique de Jean*. Paris: Dervy Livres, 1983, p. 178.

> São João é o padroeiro dos cavaleiros. Foi a ele que, outrora, estes se ligaram e a quem, no futuro, deverão ligar-se. A Ordem dos Templários era joanina e, todos os anos, celebrava a Festa de São João.
>
> João é portanto o sucessor de Posêidon que foi o padroeiro dos cavaleiros romanos [...].
>
> Como sucessor de Posêidon e chefe dos cavaleiros, Ioan deverá presidir a formação de uma nova cavalaria iniciada porque ele é, ao mesmo tempo, o sucessor de Gê-Deméter, o *alter ego* feminino de Posêidon, que presidia os mistérios de Elêusis e era a "mãe dos deuses", ou seja, dos iniciados[39].

Posêidon-Deméter, outros tantos rostos de João que não eram pressentidos pelo texto hebraico do Evangelho... (tampouco, pelo texto grego).

Existe também João-Agni, João-Ganimedes, o porta-graal etc. É tal o poder de João como arquétipo que nele podem projetar-se as mais diversas e contraditórias representações...

Se, agora, considerarmos o testemunho do próprio Evangelho, a língua daquele que fala, vemos que o grego do autor contém, indubitavelmente, semitismos; que o pano de fundo do Evangelho é fundamentalmente judaico; que a exatidão da topografia indica um autor que conheceu pessoalmente o sul da Palestina; que o autor tinha acesso a uma tradição primitiva, independente da tradição dos sinóticos, provavelmente aramaica, e que reflete a conjuntura política da região antes do início da guerra contra os romanos.

Esses fatos estimulam, com certeza, a busca de um vínculo com o "santo idoso" da tradição...

Além disso, no Evangelho, a propósito deste ou daquele fato, é dito que provém por tradição de uma testemunha ocular[40].

---

39. LE COUR, Paul. Ibid., p. 191.

40. Cf. Jo 19,35; 21,24.

É tradicional e não é anticientífico pensar que João, o Apóstolo, tenha sido a fonte da antiga tradição que alimenta o Evangelho. No sentido em que é a "autoridade" que a defende, ele é seu "autor".

Atualmente, autor e escritor significam a mesma coisa. Na Bíblia, são atribuídos ao escritor, mesmo depois da sua morte, os trabalhos continuados pelos discípulos. O livro de Isaías constitui disso um excelente exemplo.

De qualquer maneira: o Evangelho de João é o Evangelho daquele que a tradição designa por teólogo. Para os antigos, o teólogo é, ao mesmo tempo, um gnóstico e um místico, aquele que acredita com toda a sua inteligência e afetividade no desdobramento do ser e no que transcende tal desdobramento, presença de uma alteridade que não poderia ser contida pelo intelecto, nem pelo coração, o ser-outro que, incessantemente, dá plena satisfação e aprofunda cada vez mais o desejo...

> A voz da águia mística ressoa aos ouvidos da Igreja. Que nossos sentidos, no exterior, possam recolher seu som fugitivo, e que nosso espírito, no interior de nós, chegue a penetrar sua significação duradoura! Voz de pássaro de alto voo, não daquele que planaria por cima do ar material [...], mas daquele que – pelas asas rápidas de uma profunda teologia, pelos olhares de uma luminosa e elevada contemplação – se eleva acima de toda "teoria", para além de todas as coisas que são e daquelas que não são [...].
>
> É assim que, no seu voo, São João, o teólogo, não só eleva-se acima do que pode ser apreendido pela inteligência e ser significado pela palavra, mas é transportado para o próprio âmago das realidades que superam toda inteligência e toda significação[41].

---

41. DUNS SCOTUS, João. *Homélie sur le Prologue*. Paris: S.C. Cerf, p. 201-205.

A tradução

Cônscios da mistura entre grego e hebraico, nossa tradução não deveria, contudo, tornar-se uma mescla de hebraico, grego e aramaico, acomodados ao francês.

Assim, voluntariamente, evitamos qualquer hebraísmo a fim de que o texto permaneça legível, sem perder, no entanto, seu sabor e seu "sotaque" de origem. Os nomes de pessoas e lugares não traduzidos pretendem lembrar o contexto histórico, a ambiência e o sentido da língua falada por Jesus e pelos primeiros cristãos. Tradução da letra, mas também do "sotaque" que, na escuta, desperta a memória e convida a sair da rotina...

O verbo grego concebe o tempo em função de um passado, de um presente e de um futuro; o hebraico e o aramaico, pelo contrário, em vez de indicarem com precisão o tempo de uma ação, descrevem seu estado sob dois modos: o perfeito e o não perfeito; no texto, em alternância, encontraremos essas duas maneiras de apreender o tempo. Como regra geral, seguimos o "tempo grego" para os episódios de tipo narrativo, e o presente "hebraico" para as palavras de "Ieschua" que podem ser consideradas como "onitemporais".

Apesar de nossa tradução se afastar, frequentemente, da tradução de André Chouraqui[42], ela mantém o mesmo "espírito". Depois de nosso encontro em Brasília, sabemos que estamos unidos na mesma busca de um "ecumenismo das fontes, tão afastado do ecumenismo de superfície que, por vezes, as dissimula". Prestando-lhe homenagem por seu imenso trabalho, faço minhas as palavras com que introduziu sua tradução do Novo Testamento:

> Minha tentativa corresponde, segundo parece, a certas exigências deste final do século XX. A busca apaixonada pela verdade histórica, muitas vezes, alterada e dissimulada pela poeira dos séculos, surge também da necessidade de superar falsos conflitos, provocados ou agravados pela rivalidade entre reli-

---

42. Cf. CHOURAQUI, André. *Un pacte neuf*, "Introduction", D.D.B., 1977.

giões ou confissões inimigas que a grande corrente ecumênica[43] força a reencontrarem-se na unidade original das raízes, em suas fontes.

A presente versão do Novo Testamento aspira, assim, a constituir um espaço linguístico de convergência para além de nossos cismas e guerras...

Se existe o pecado contra o Espírito, a respeito do qual Jesus dizia que é irremível, importa encontrá-lo, talvez, no fato de que esses textos redentores tenham servido de pretexto a tantas guerras, a lutas implacáveis entre seitas, confissões, religiões e nações, que tenham servido de arma para os desvios de toda a espécie que o próprio Jesus denunciava com termos severos.

Seria, assim, contrário ao Espírito desses textos, como ao da presente tradução, servir-nos deles, sob que pretexto for, como de uma arma. Em vez de alimentar lamentáveis polêmicas e controvérsias que fizeram a desonra da humanidade, esses textos aspiram, pelo contrário, constituir um espaço de convergência, encontro, inspiração e salvação[44].

Vocabulário

Com a preocupação de tornar de novo perceptível o substrato semítico do Evangelho de João e seu entorno histórico, conservamos alguns nomes próprios e topônimos, assim como certos vocábulos típicos, em sua língua supostamente original.

Seu sentido é indicado no texto em nota de rodapé.

Andreas	André
Bar Abba	Barrabás

43. Será que, hoje, deveríamos dizer "holística"?

44. CHOURAQUI, André. Op. cit., p. 15-16.

Ben	Filho de
Beit-ananiah	Betânia
Beit Zathah	Betsaida
El'Azar	Lázaro
Elyahu	Elias
Iaaqob	Jacó
Iehuda	Judas
Iehudim	Judeus
Ierushalaim	Jerusalém
Ieschua	Jesus
Iesha 'Yahu	Isaías
Iohanan	João
Iosseph	José
Kephar-nahum	Cafarnaum
Miryam	Maria
Moshé	Moisés
Naqdimon	Nicodemos
Peruschim	Fariseu
Pessah	Páscoa
Philippos	Filipe
Pneuma	Sopro-Espírito
Qanah	Caná
Rabbi	Mestre
Sanhedrin	Sinédrio – Conselho supremo (Tribunal de Justiça em Jerusalém)
Shalom	Paz
Sedduqim	Saduceus
Shimon	Simon
Shomronim	Samaritanos
Sopherim	Escribas
Thora	Lei (ensinamento dos primeiros cinco livros da Bíblia)

SIGLAS E ABREVIATURAS

LIVROS BÍBLICOS

Ab . . . . . Abdias
Ag . . . . . Ageu
Am. . . . . Amós
Ap . . . . . Apocalipse
At . . . . . Atos dos Apóstolos
Br . . . . . Baruc
Cl . . . . . Colossenses
1Cor . . . . 1ª Coríntios
2Cor . . . . 2ª Coríntios
1Cr. . . . . 1º Crônicas
2Cr. . . . . 2º Crônicas
Ct . . . . . Cântico dos Cânticos
Dn . . . . . Daniel
Dt . . . . . Deuteronômio
Ecl . . . . . Eclesiastes
Eclo . . . . Eclesiástico
Ef . . . . . Efésios
Esd. . . . . Esdras
Est . . . . . Ester
Ex . . . . . Êxodo
Ez . . . . . Ezequiel
Fl. . . . . . Filipenses
Fm . . . . . Filêmon
Gl . . . . . Gálatas
Gn . . . . . Gênesis
Hab . . . . Habacuc
Hb . . . . . Hebreus
Is. . . . . . Isaías
Jd . . . . . Judas
Jl. . . . . . Joel
Jn . . . . . Jonas
Jó . . . . . Jó
Jo . . . . . João
1Jo . . . . . 1ª João
2Jo . . . . . 2ª João
3Jo . . . . . 3ª João
Jr. . . . . . Jeremias
Js. . . . . . Josué
Jt. . . . . . Judite
Jz. . . . . . Juízes
Lc . . . . . Lucas
Lm . . . . . Lamentações
Lv . . . . . Levítico
Mc . . . . . Marcos
1Mc . . . . 1º Macabeus
2Mc . . . . 2º Macabeus
Ml . . . . . Malaquias
Mq . . . . . Miqueias
Mt . . . . . Mateus
Na . . . . . Naum
Ne . . . . . Neemias
Nm. . . . . Números
Os . . . . . Oseias
1Pd. . . . . 1ª Pedro
2Pd. . . . . 2ª Pedro
Pr . . . . . Provérbios
Rm. . . . . Romanos
1Rs. . . . . 1º Reis
2Rs. . . . . 2º Reis
Rt . . . . . Rute
Sb . . . . . Sabedoria
Sf . . . . . Sofonias
Sl. . . . . . Salmos
1Sm . . . . 1º Samuel
2Sm . . . . 2º Samuel
Tb . . . . . Tobias
Tg . . . . . Tiago
1Tm . . . . 1ª Timóteo
2Tm . . . . 2ª Timóteo
1Ts. . . . . 1ª Tessalonicenses
2Ts. . . . . 2ª Tessalonicenses
Tt . . . . . Tito
Zc . . . . . Zacarias

Tradução

1

1. No princípio: o Logos,
o Logos está voltado para Deus,
o Logos é Deus.
2. No princípio, ele está com Deus.
3. Todas as coisas existem por ele,
sem ele: nada.
4. Ele é a vida de todo o ser,
a vida é a luz dos homens.
5. A luz brilha nas trevas,
as trevas não conseguem alcançá-lo.
6. Aparece um homem enviado por Deus,
Iohanan[1] é seu nome.
7. Veio como Testemunha
para dar testemunho da luz,
a fim de que todos adiram a ela com ele.
8. Ele não é a luz,
mas a testemunha da luz.
9. O Logos é a luz verdadeira
que ilumina todo homem.
10. Ele está no mundo,
o mundo existe por ele,
mas o mundo não o conhece.

---

1. Iohanan (hebraico/H) – Iohannes (grego/G) – Ioannes (latim/L) – João (português/P) = "Deus ama" ou "agracia".

11. Vem para o que é seu,
e os seus não o recebem.

12. Mas a todos os que o recebem,
aos que creem em seu nome,
dá o poder de se tornarem filhos de Deus.

13. Estes não nasceram
nem do sangue,
nem da carne,
nem da vontade do homem,
mas de Deus.

14. O Logos se fez carne.
Habitou entre nós,
vimos a sua glória,
plena de graça e verdade,
presença filial – unigênito –
que ele recebe do Pai.

15. Iohanan dá testemunho dele
e clama:
Este é aquele de quem vos disse:
"O que vem depois de mim,
passou adiante de mim,
porque existia antes de mim".

16. Pois da sua plenitude todos nós recebemos
e graça sobre graça.

17. A Thora nos foi dada por meio de Moshé[2].
A graça e a verdade vieram por Ieschua[3], o Messias[4].

18. Ninguém jamais viu a Deus,
o filho unigênito

---

2. Moshé (H) – Moiseos (G) – Moysen (L) – Moisés (P) = "salvo das águas".

3. Ieschua (H) – Iesus (G) – Iesu (L) – Jesus (P) = "Deus salva".

4. Meschiah (H) – Christos (G) = o ungido, aquele que recebeu a unção – o Messias – o Cristo.

que está junto ao Pai,
foi ele quem no-lo deu a conhecer.

19. Este foi o testemunho de Iohanan
quando os judeus enviados pelos sacerdotes
e levitas de Ierushalaim[5] lhe perguntam:
"Quem és tu?"

20. Ele responde e confessa sem pestanejar:
Eu não sou o Messias.

21. Quem és? Elyahu[6]?
Não!
És o Profeta?
Não!

22. Perguntam-lhe então:
Quem és afinal, para podermos dar resposta
aos que nos enviaram?
Que dizes de ti mesmo?

23. Eu?
Sou uma voz que clama no deserto:
Aplanai o caminho de YHWH[7],
segundo disse Iesha 'Yahu[8], o profeta.

24. Os enviados eram dos *peruschim*[9],
formulam-lhe ainda esta pergunta:

---

5. Ierushalaim (H) – Ierosolumon (G) – Ierosolymis (L) – Jerusalém (P) = "cidade da paz" (Shalom).

6. Elyahu (H) – Hylias (G) – Elias (L) – Elias (P).

7. YHWH – Adonai (H) – Kurios (G) – Senhor (P). YHWH = ego eimi (G) – ego sum (L) – Eu Sou – Ele é – "É".

8. Iesha 'Yahu (H) – Hysaias (G) – Isaias (L) – Isaías (P).

9. Peruschim (H) – pharisaioi (G) – fariseu, do verbo hebraico: pharash = separar – distinguir – determinar – decidir (P).
Peruschim = os separados ou aqueles que promulgam as determinações, aqueles que decidem o que diz respeito ao texto sagrado.

25. Se não és o Messias,
nem Elyahu, nem o profeta, por que então batizas[10]?

26. Iohanan responde-lhes:
Eu batizo com água,
mas no meio de vós está
o incógnito.

27. É ele que vem depois de mim,
de quem não sou digno de desatar
a correia das sandálias.

28. Isto aconteceu em Beit-ananiah[11],
do outro lado do Jordão,
onde Iohanan batizava.

29. No dia seguinte, vendo Ieschua
aproximar-se dele, disse:
Eis o Cordeiro de Deus
que tira o pecado[12] do mundo.

30. É este de quem eu disse:
depois de mim vem um homem
que passou adiante de mim
porque ele existe antes de mim.

31. Eu também não o conhecia.
Se vim batizar com água,
é para que ele se torne conhecido em Israel.

32. Iohanan dá testemunho:
Eu vi o Espírito[13]
descer do céu

---

10. Hrabal (H) – baptizo (G) = mergulhar em... imergir – submergir, batizar (P).

11. Beit-ananiah (H) – Bethania (G) –Betânia (P).

12. Hethe (H) – hamartia (G) – peccatum (L) – pecado (P) = crime, falta, literalmente = "errar o alvo".

13. Espírito – spiritus (L) – pneuma (G) – ruah (H), literalmente = o sopro, o vento.

em forma de pomba
e permanecer sobre ele.

33. Eu não o conhecia,
mas quem me enviou
para batizar com água
tinha-me dito:
"Aquele sobre quem vires
descer e permanecer o Sopro (*Pneuma*),
Esse é que nos mergulha no Sopro Santo".

34. Eu vi – dou testemunho:
é ele
o eleito de Deus[14].

35. No dia seguinte,
Iohanan estava lá de novo
com dois dos seus discípulos.

36. Fixando o olhar em Ieschua que passava,
disse:
Eis o Cordeiro de Deus.

37. Ouvindo-o falar assim,
os dois discípulos
seguiram Ieschua.

38. Então, Ieschua volta-se
e, vendo que o estão seguindo,
pergunta-lhes:
O que desejais?
Respondem-lhe:
Rabi[15],
onde moras?

---

14. Eleito de Deus = Ben Elohim.

15. Rabi de rab = grande – abundante – "aquele em quem superabunda" a Thora – Didascalos (G) – Magister (L) – Mestre (Português).

39. Vinde e vede.
Eles foram e viram onde
ele morava,
ficaram com ele aquele dia,
era quase a décima hora*.

40. Andreas, irmão de Shimon Petros[16],
era um dos dois que tinham
ouvido as palavras de Iohanan
e tinham seguido Ieschua.

41. Logo, ao despontar do dia, vai ao encontro
de Shimon, seu irmão.
E lhe diz:
Encontramos o Messias,
e leva-o até Ieschua.

42. Ieschua fixa o olhar nele:
Tu és Shimon – filho de Iohanan.
Serás chamado Kepha,
que quer dizer petros, a pedra.

43. No dia seguinte,
Ieschua decide ir para a Galileia.
Encontra Philippos
e lhe diz:
Segue-me[17].

44. Philippos era de Beit-Zathah[18],
cidade de Andreas e de Petros.

45. Philippos encontra Natanael[19]
e lhe diz:

---

* N.T.: Quatro horas da tarde.

16. Shimon Petros = Simão Pedro.

17. Acoluthei moi = "caminha comigo" = "acompanha-me" = sê meu "acólito".

18. Beit-Zathah = casa do "caçador" ou do "pescador".

19. Nathanael (G) – Netanel (H) = "Deus deu".

Encontramos
Aquele de quem se fala
na Thora de Moshé
e nas palavras dos profetas.
É Ieschua, filho de Iosseph, o Nazareno[20].

46. Natanael pergunta: "De Nazaré
pode sair alguma coisa boa?
Vem e vê,
diz-lhe Philippos.

47. Ieschua, vendo Natanael aproximar-se,
diz-lhe:
Eis um verdadeiro filho de Israel,
um homem sem maldade.

48. De onde me conheces?,
pergunta Natanael.
Antes de Philippos te chamar,
eu te vi
quando estavas debaixo da figueira.

49. Natanael responde:
Rabi, tu és o Filho de Deus,
és o Rei de Israel.

50. Tu crês porque eu disse:
"Vi-te debaixo da figueira".
Verás coisas maiores do que esta.

51. Em verdade, em verdade*, eu te digo:
vereis o céu aberto
e os anjos[21] de Deus que sobem
e descem sobre o Filho do Homem.

---

20. Ben Iosseph: filho de José.

* No original, *Amén, amén* (cf. explicação do termo na p. 176) [N.T.]..

21. Aggelus (G) – anjos = mensageiros.

2

1. No terceiro dia,
houve um casamento em Qanah da Galileia.
A mãe de Ieschua estava presente.

2. Ieschua e os discípulos
também tinham sido convidados.

3. Tendo acabado o vinho,
a mãe de Ieschua disse-lhe:
Eles não têm vinho.

4. Ieschua respondeu:
Mulher, o que há entre mim e ti?
Ainda não chegou a minha hora.

5. Então, sua mãe disse aos que estavam servindo:
Fazei tudo o que ele vos disser.

6. Havia ali seis talhas de pedra
para as purificações rituais dos *iehudim*[22];
em cada uma, cabiam duas ou três medidas[23].

7. Ieschua disse aos que estavam servindo:
Enchei de água as talhas.
Eles encheram-nas até a borda.

8. Agora, tirai um pouco
e levai ao organizador
da festa.
Eles levaram.

---

22. Iehudim: os judeus, habitantes da Judeia.

23. Uma medida = cerca de 40 litros.

9. O organizador da festa provou:
a água tinha-se transformado em vinho
e ele não sabia de onde este tinha vindo.
Quanto aos serventes, que tinham tirado a água,
tinham conhecimento disso.
Ele chamou o noivo
e lhe disse:

10. Todos servem primeiro o vinho bom.
Quando as pessoas já estão embriagadas
servem o de qualidade inferior.
Tu guardaste o vinho bom
até agora.

11. Este foi o início dos sinais[24]
de Ieschua,
em Qanah da Galileia.
Ele manifestou a sua glória
e os discípulos creram nele.

12. Depois disso,
desceu para Kephar-nahum
com a mãe e os irmãos,
mas ficaram aí apenas alguns dias.

13. Estava próxima
a festa de Pessah[25] dos *iehudim*.
Ieschua subiu a Ierushalaim.

14. Encontrou no templo
vendedores de bois, ovelhas
e pombas, assim como
cambistas sentados.

15. Fez um chicote de cordas
e expulsou todos do templo,

---

24. Ot (H) – semeion (G) – sinais (P) = milagres.

25. Pessah (H) – Pasqua (G) – Páscoa (P) do verbo "pasah" (H) = saltar – atravessar – passar.

com as ovelhas e os bois;
esparramou no chão o dinheiro dos cambistas
e derrubou suas mesas.

16. Aos que vendiam as pombas, disse:
Tirai daqui tudo isso
e não façais da casa de meu Pai
uma casa de comércio.

17. Os discípulos lembraram-se
do que está escrito na Escritura:
*"O amor cioso pela tua casa
me consome"*.

18. Os *iehudim* tomam a palavra e lhe perguntam:
Que sinal nos dás
para fazeres isto?

19. Ieschua respondeu:
Destruí este templo
e, em três dias, hei de reerguê-lo.

20. Então, os *iehudim* replicam-lhe:
A construção deste templo
levou quarenta e seis anos
e tu vais reconstruí-lo em três dias?

21. Mas ele falava do templo
de seu corpo.

22. Assim, quando Ieschua ressuscitou
dos mortos, os discípulos
lembraram-se do que ele havia dito
e creram na Escritura
e na palavra que ele tinha pronunciado.

23. Enquanto estava em Ierushalaim
para a festa da Pessah,
muitos creram em seu nome
ao verem os milagres que fazia.

24. Mas Ieschua não se fiava neles
porque os conhecia a todos
e não tinha necessidade de ser informado sobre quem quer quer fosse.

25. Ele sabia
o que há no homem.

3

1. Entre os *peruschim*, havia
um homem chamado Naqdimon[26],
um judeu importante.

2. De noite, ele foi falar com Ieschua,
dizendo:
Rabi, sabemos que vens como mestre
da parte de Deus: ninguém pode
fazer os sinais que fazes, se Deus não estiver
com ele.

3. Ieschua lhe respondeu:
Em verdade, em verdade, eu te digo:
quem não nascer do alto,
não pode ver o Reino de Deus.

4. Naqdimon pergunta-lhe:
Como pode nascer alguém
que já é velho?
Acaso pode entrar no ventre da mãe
uma segunda vez
e nascer de novo?

---

26. Naqdimon (H) – Nicodemos (G) – Nicodemos (P) = "povo vencedor".

5. Ieschua respondeu:
Em verdade, em verdade, eu te digo:
quem não nascer do sopro (*pneuma*) e da água
não poderá entrar no Reino de Deus.

6. O que nasceu da carne é carne;
o que nasceu do Espírito é Espírito[27].

7. Não te admires de eu ter dito:
"e preciso nascer do alto".

8. O *Pneuma* sopra onde quer
e tu ouves sua voz,
mas não sabes de onde vem,
nem para onde vai.
Assim, ocorre com todo homem
que nasceu do *Pneuma*.

9. Nicodemos perguntou-lhe:
Como pode acontecer isso?

10. Ieschua respondeu:
Tu és rabi em Israel
e ignoras essas coisas?

11. Em verdade, em verdade, eu te digo:
falamos do que sabemos
e damos testemunho do que vimos,
mas não aceitais o nosso testemunho.

12. Se não acreditais
quando vos falo de coisas terrenas,
como haveis de acreditar
se vos falar
de coisas celestes?

---

27. O que nasceu do homem é humano.
O que nasceu do *pneuma* (Sopro-Espírito) é divino.

13. Ninguém subiu ao céu
senão quem desceu do céu:
o Filho do Homem.

14. Como Moshé
levantou a serpente no deserto,
assim também é preciso que o Filho do homem seja levantado,

15. a fim de que todo o que crer
na verdade que está nele
tenha a vida eterna.

16. Deus amou tanto o mundo
que entregou o seu Filho único,
para que todo aquele
que crer na verdade que está nele
não morra,
mas tenha a vida eterna.

17. Porque Deus não enviou o seu Filho ao mundo
para condenar o mundo,
mas para que o mundo seja salvo por ele.

18. Quem nele crê
não é julgado,
mas quem não crê
já está julgado
porque não acredita
no nome do Filho único de Deus.

19. E o julgamento consiste no seguinte:
A luz veio a este mundo
e os homens preferem a escuridão à luz
porque suas obras são más.

20. Pois todo aquele que faz o mal
odeia a luz
e não se aproxima da luz:
suas obras seriam desmascaradas.

21. Mas quem pratica a verdade
vem à luz:
suas obras são expostas, pois são feitas em Deus.

22. Em seguida, Ieschua foi
com os discípulos para a região da Judeia.
Ali ficou com eles
e batizava.

23. Iohanan também batizava
em Ainão, perto de Salim, onde havia muita água.
As pessoas chegavam
e eram batizadas;

24. Iohanan ainda não tinha sido
lançado no cárcere.

25. Originou-se, então, uma discussão
entre os discípulos de Iohanan
e um *iehudim*
sobre a purificação.

26. Eles foram ter com Iohanan
e disseram-lhe:
Rabi, aquele que estava contigo
do outro lado do
Jordão,
de quem deste
testemunho,
está agora batizando,
e todos vão para ele.

27. Iohanan respondeu:
Ninguém pode receber nada
se não lhe for dado do céu.

28. Vós mesmos sois testemunhas
de que eu disse:
"Eu não sou o Messias,
mas fui enviado à frente dele".

29. Quem tem a noiva é o noivo,
mas o amigo do noivo
que está presente e o ouve,
muito se alegra com a voz do noivo.
Pois é assim que minha alegria
está completa.

30. É preciso que ele cresça
e eu diminua.

31. Quem vem do alto
está acima de todos.
Quem procede da terra
é terreno e fala daquilo que é terreno.

32. Quem vem do céu
dá testemunho
do que viu e ouviu,
mas ninguém aceita
o seu testemunho.

33. Aceitar o seu testemunho
é reconhecer e confirmar
que Deus é verdadeiro.

34. Aquele que Deus enviou
anuncia a palavra de Deus
pois, sem parcimônia,
Deus lhe dá o Sopro[28].

35. O Pai ama o Filho
e lhe pôs todas as coisas na mão.

36. Quem crê no Filho
tem a vida eterna.
Aquele, porém, que se recusa a crer
na verdade que está nele

---

28. Pneuma (G) – spiritus (L) – ruah (H) = sopro, tradução habitual: Espírito.

não verá a vida,
mas sobre ele permanece a ira de Deus.

4

1. Quando Ieschua ficou sabendo que os
peruschim tinham ouvido dizer
que ele fazia mais discípulos
e batizava mais do que Iohanan
2. (na realidade, não era Ieschua
que batizava, e sim os discípulos),
3. deixou a Judeia
e voltou para a Galileia.
4. Ele tinha de passar pela Samaria.
5. Chega, assim, a uma cidade da Samaria
chamada Sukhar,
próxima das terras que, outrora,
Iaaqob havia dado ao filho Iosseph.
6. Ali encontra-se o poço de Iaaqob.
Cansado da viagem, Ieschua
senta-se à beira do poço.
É quase a sexta hora[29].
7. Uma mulher da Samaria
vem tirar água.
Ieschua disse-lhe:
Dá-me de beber.
8. (Os discípulos tinham ido à
cidade comprar mantimentos.)

---

29. Meio-dia.

9. A samaritana responde-lhe:
Como é que tu, um *iehudim*,
pedes de beber a mim,
que sou samaritana?
(Com efeito, os *iehudim* não se dão
com os *shomronim*[30].)

10. Ieschua disse-lhe:
Se conhecesses o dom de Deus
e Quem é que te diz:
"dá-me de beber",
serias tu que lhe pedirias,
e ele te daria água viva.

11. A mulher responde-lhe:
Senhor, não tens com que tirar água
e o poço é fundo;
donde tens, pois, essa água viva?

12. Por acaso és maior
que nosso pai Iaaqob
que nos deu o poço
do qual ele bebeu, junto com os filhos
e os rebanhos?

13. Ieschua responde-lhe:
Quem bebe dessa água
tornará a ter sede;

14. mas quem beber da água
que eu lhe der
jamais terá sede.
A água que eu lhe der
será nele uma fonte
que jorra para a vida eterna.

---

30. *Shomronim* = Samaritano.

15. A mulher disse-lhe:
Senhor, dá-me dessa água
para que eu não sinta mais sede,
nem precise vir aqui
buscar água.

16. Ieschua disse-lhe:
Vai chamar teu marido
e volta aqui.

17. A mulher respondeu:
Eu não tenho marido.
Ieschua disse-lhe:
Respondeste bem:
"não tenho marido".

18. De fato, tiveste cinco
e aquele que tens, agora,
não é teu marido.

19. Senhor – disse a mulher –
sei que és um vidente[31].

20. Nossos pais adoraram a Deus neste monte
e vós dizeis
que é em Ierushalaim o lugar onde se deve adorar.

21. Ieschua disse-lhe:
Mulher, acredita em mim,
vem a hora em que nem neste monte,
nem em Ierushalaim adorareis o Pai.

22. Vós adorais
o que não conheceis,
nós adoramos o que conhecemos
porque a salvação vem dos judeus.

---

31. Nabi (H) – prophétes (G) – Vidente = "profeta inspirado", "aquele que vê a realidade" (passado-presente-futuro).

23. Mas vem a hora,
e já chegou,
em que os verdadeiros adoradores
hão de adorar o Pai
em espírito e verdade[32].
Estes são
os adoradores
que o Pai deseja.

24. Deus é espírito[33],
e quem o adora
deve adorá-lo em espírito e verdade.

25. A mulher disse-lhe:
Eu sei que o Messias,
quando vier,
explicar-nos-á todas as coisas.

26. Disse-lhe Ieschua:
Sou Eu*, que falo contigo.

27. Nisso chegam os discípulos
e se admiram por vê-lo falar
com uma mulher.
Mas ninguém perguntou:
O que desejas dessa mulher
ou por que estás falando com ela?

28. A mulher deixa o cântaro,
corre para a cidade
e diz às pessoas:

---

32. *En pneumati kai aletheia.*

33. *Pneuma o theos*, literalmente: "Deus é Sopro".

* Os asteriscos assinalam a expressão: Eu Sou – Ego Eimi (G) – ani hu (H) – "eu-ele" = "eu sou" (cf. p. 269).

29. Vinde ver um homem que me disse
tudo o que eu fiz.
Não será ele o Messias?

30. As pessoas saem da cidade
e vêm até ele.

31. Nesse meio tempo, os discípulos
insistiam com ele:
Rabi, come!

32. Mas ele disse-lhes:
Tenho uma comida
que vós não conheceis.

33. Os discípulos perguntavam
uns aos outros:
"Será que alguém lhe trouxe
alguma coisa para comer?"

34. Ieschua disse-lhes:
Meu alimento é fazer
a vontade daquele que me envia
e completar a sua obra.

35. Não dizeis vós
que, daqui a quatro meses,
chegará a colheita?
Pois bem, eu vos digo:
Levantai os olhos e olhai
os campos já amadurecidos,
prontos para a colheita.

36. Quem faz a colheita recebe o salário
e recolhe o fruto para a vida eterna.
O semeador e o que colhe
alegram-se juntos.

37. Pois é verdadeira a palavra:
um é o que semeia,
outro, o que colhe.

38. Eu vos envio a colher
o que não trabalhastes.
Outros trabalharam
e vós herdais o fruto do trabalho deles.

39. Muitos foram os *shomronim*
daquela cidade
que creram nele
pelo fato de a mulher haver dito:
"Ele me disse tudo o que eu fiz".

40. Assim, tendo chegado perto dele,
pediram que ficasse com eles.
E ficou ali dois dias.

41. Muitos outros
creram nele
quando o ouviram falar.

42. E diziam à mulher:
Já não cremos apenas
por causa de tua conversa.
Nós mesmos ouvimos
e reconhecemos que é ele realmente
o Salvador do mundo.

43. Passados dois dias,
Ieschua partiu para a Galileia.

44. Ele próprio havia afirmado que nenhum profeta
é honrado
em sua terra.

45. Os galileus reservaram-lhe
um bom acolhimento.
Eles tinham visto
as maravilhas que havia feito em Ierushalaim
durante a festa,
pois eles também tinham ido à festa.

46. Ele voltou a Qanah
da Galileia, onde tinha
transformado água em vinho.
Havia em Kephar-nahum
um funcionário do rei[34],
cujo filho estava doente.

47. Ouviu dizer que Ieschua viera
da Judeia para a Galileia.
Foi procurá-lo e pediu-lhe
que descesse e curasse o filho
que estava para morrer.

48. Ieschua disse-lhe:
Se não virdes milagres
e prodígios, não acreditareis!

49. Senhor – respondeu o funcionário –
desce antes que morra
meu filho.

50. Ieschua disse-lhe:
Vai,
teu filho está passando bem.
O homem acreditou na palavra
de Ieschua
e partiu.

51. Enquanto descia,
vieram ao seu encontro
os servos, dizendo:
Teu filho está passando bem.

52. Perguntou-lhes, então, a hora
em que se sentira melhor:
Ontem, à sétima hora*,
a febre o deixou.

---

34. Do rei Herodes Antipas.

* Uma hora da tarde [N.T.].

53. O pai reconheceu
ter sido esta a hora
em que Ieschua lhe dissera:
"Teu filho está passando bem".
E ele creu com toda sua família.

54. Foi este o segundo sinal
que Ieschua fez,
ao voltar da Judeia
para a Galileia.

5

1. Depois disso, celebrava-se uma festa dos *iehudim*
e Ieschua subiu a Ierushalaim.

2. Existia na cidade,
junto à porta das ovelhas,
uma piscina chamada
Beit-Zathah[35] que tem cinco pórticos.

3. Sob esses pórticos,
ficavam deitados muitos
enfermos, coxos e paralíticos
que estavam à espera do movimento da água.

4. De tempos em tempos, o anjo de YHWH
descia à piscina.
Quando a água se punha em movimento,
o primeiro que entrasse no tanque
ficava curado
de qualquer doença que tivesse.

---

35. Ou Beit-Hasda, "Casa da graça", cf. CHOURAQUI, André, op. cit.

5. Entre eles, havia um homem
que estava doente há trinta e oito anos.

6. Vendo-o deitado
e sabendo que estava doente há muito tempo,
Ieschua disse-lhe:
Queres ficar curado?

7. Senhor – respondeu-lhe o doente –,
não tenho ninguém que me ponha na piscina
quando a água se movimenta.
Enquanto estou indo,
outro doente desce antes de mim.

8. Ieschua disse-lhe:
Levanta-te, toma o teu leito
e anda!

9. No mesmo instante, o homem ficou curado,
tomou o leito...
Ele estava andando,
era um dia de *Shabbat*.

10. Os judeus começaram a dizer
para o homem curado:
Hoje é *Shabbat*,
não te é permitido
carregar o leito.

11. Ele respondeu:
Quem me curou disse:
"Toma o teu leito e anda".

12. Perguntaram-lhe, então:
Quem é este homem que te disse:
"Toma o teu leito e anda"?

13. Mas o que tinha sido curado não sabia quem era,
porque Ieschua se havia retirado
da multidão
ali presente.

14. Mais tarde, Ieschua
encontra-o no templo
e diz-lhe:
Olha, tu estás curado.
Não peques mais,
para não te acontecer coisa pior.

15. O homem foi contar aos *iehudim*
que tinha sido Ieschua
que o havia curado.

16. Então, eles começaram a perseguir Ieschua
por ter feito tal coisa
em um dia de *Shabbat*.

17. Mas ele respondeu-lhes:
Meu Pai continua trabalhando até agora,
e eu também trabalho.

18. Por isso, os *iehudim*
procuravam ainda com mais empenho
tirar-lhe a vida.
Não só violava o *Shabbat*,
mas também afirmava que Deus era seu Pai,
fazendo-se, assim, igual a Deus.

19. Então, Ieschua tomou a palavra:
Em verdade, em verdade, eu vos digo:
o Filho nada pode fazer por si mesmo;
Ele só faz o que vê o Pai fazer.
Tudo o que o Pai faz
o Filho também faz.

20. Porque o Pai ama o Filho
e mostra-lhe tudo que ele mesmo faz.
E mostrar-lhe-á obras maiores
do que esta,
de sorte que ficareis maravilhados.

21. Assim como o Pai ergue os mortos
e lhes dá a vida,

assim também o Filho dá a vida
aos que quiser.

22. O Pai não julga ninguém,
mas entregou ao Filho todo o poder de julgar,

23. para que todos honrem o Filho
como honram o Pai.
Quem não honra o Filho
também não honra o Pai que o enviou.

24. Em verdade, em verdade, eu vos digo:
quem escuta minha palavra
e crê naquele que me enviou
tem a vida eterna,
já não será submetido ao julgamento,
passou da morte para a vida.

25. Em verdade, em verdade, eu vos digo:
vem a hora, e já chegou,
em que os mortos ouvirão
a voz do Filho de Deus,
e os que a ouvirem viverão.

26. Assim como o Pai é Senhor da vida,
do mesmo modo o Filho também o é.

27. E deu-lhe o poder de julgar,
porque ele é o Filho do homem.

28. Não vos deixeis surpreender,
porque vem a hora
em que todos os que estão mortos
ouvirão sua voz.

29. Os que praticaram o bem
sairão dos túmulos para a vida;
os que praticaram o mal
sairão dos túmulos para serem julgados.

30. Eu nada posso fazer por mim mesmo.
Julgo como ouço,

e meu julgamento é justo
pois não procuro fazer minha vontade,
mas a vontade daquele que me enviou.

31. Se eu desse testemunho de mim mesmo,
meu testemunho não seria digno de fé.

32. Há outro que dá testemunho de mim,
sei que seu testemunho é verdadeiro.

33. Vós fostes ao encontro de Iohanan,
e ele deu testemunho da verdade.

34. Eu não invoco
testemunho de homem algum,
mas digo-vos isso para que sejais salvos.

35. Iohanan era a lâmpada que está acesa e ilumina,
e, por um instante, quisestes alegrar-vos
com sua luz...

36. Eu, porém, tenho um testemunho
maior do que o de Iohanan:
as obras que o Pai me deu para realizar,
estas obras que eu faço,
dão testemunho
de que o Pai me enviou.

37. O Pai que me enviou
também dá testemunho de mim.
Vós nunca ouvistes a sua voz,
nem vistes o seu rosto.

38. Seu Logos
não permanece em vós,
pois não credes
naquele que ele enviou.

39. Pesquisais as Escrituras
porque julgais encontrar nelas
a vida eterna –
elas também dão testemunho de mim.

40. Mas não quereis vir a mim
para terdes a vida.

41. Não espero a minha glória dos homens.

42. Aliás, eu vos conheço
e sei que não tendes
o amor de Deus.

43. Eu vim em nome de meu Pai
e não me recebeis.
Se outro vier em seu próprio nome,
a esse recebereis.

44. Como podeis crer,
vós que recebeis a segurança
uns dos outros
e não buscais a segurança
que provém do único Deus?

45. Não penseis que vou acusar-vos
perante o Pai.
Quem vos acusa é Moshé,
em quem depositastes vossa confiança.

46. Se acreditásseis em Moshé,
certamente acreditaríeis também em mim,
porque ele escreveu a meu respeito.

47. Se, porém, não acreditais em suas palavras,
como acreditareis no que eu digo?

6

1. Depois,
Ieschua partiu do outro lado do Mar da Galileia,
isto é, de Tiberíades.

2. Era acompanhado de grande multidão,
pois viam os milagres que fazia
com os enfermos.

3. Ieschua sobe ao monte
e senta-se ali com os discípulos.

4. Estava próxima a Páscoa,
a festa dos *iehudim*.

5. Levantando os olhos, Ieschua
viu a grande multidão
que vinha ter com ele.
Disse a Philippos:
Onde compraremos pão para dar de comer
a essas pessoas?

6. Dizia isto para experimentá-lo,
pois bem sabia o que ia fazer.

7. Philippos respondeu:
Nem duzentas moedas de prata[36]
seriam suficientes
para cada um receber um pedacinho de pão.

8. Um dos discípulos chamado Andreas,
irmão de Shimon Petros,
disse-lhe:

9. Está aqui um rapaz
que tem cinco pães de cevada e dois peixes.
Mas o que é isso
para tanta gente?

10. Ieschua disse-lhes:
Fazei todos sentar-se no chão.
Havia naquele lugar muita grama.
Sentaram-se, pois, em número de uns cinco mil.

---

36. Uma moeda de prata correspondia ao salário médio de um dia de trabalho.

11. Então, Ieschua tomou os pães,
deu graças
e deu-os aos que estavam sentados.
Fez o mesmo com os peixes,
dando-lhes o quanto queriam.

12. Depois de saciados,
disse aos discípulos:
Recolhei os pedaços que sobraram,
para não se perderem.

13. Eles os recolheram e encheram
doze cestos de pedaços
que sobraram dos cinco pães de cevada.

14. Vendo o milagre
que Ieschua tinha realizado,
aquela gente dizia:
Na verdade, este é
o profeta
que há de vir ao mundo.

15. Ieschua percebeu
que pretendiam levá-lo à força
para fazê-lo rei.
De novo, retirou-se, sozinho,
para o monte.

16. Chegada a tarde, os discípulos desceram
até o mar.

17. Entraram num barco
e dirigiram-se para o outro lado,
rumo a Kephar-nahum.
Já escurecia
e Ieschua ainda não tinha se juntado a eles.

18. O mar estava agitado,
por causa do vento forte que soprava.

19. Tinham navegado uns vinte e cinco ou
trinta estádios[37], quando viram Ieschua
caminhando sobre o mar
e aproximar-se do barco.
Eles ficaram com medo.

20. Ele disse-lhes:
Sou Eu* – não tenhais medo.

21. Queriam recebê-lo no barco,
mas imediatamente o barco encostou na margem
à qual se dirigiam.

22. No dia seguinte, a multidão
que ficara na outra margem notou que ali havia
um só barco,
e que Ieschua não tinha embarcado
com os discípulos.

23. No entanto, outros barcos
tinham chegado de Tiberíades,
perto do lugar onde haviam comido o pão.

24. Quando a multidão percebeu que
nem Ieschua,
nem os discípulos estavam ali,
entraram nos barcos
e foram a Kephar-nahum,
à procura de Ieschua.

25. Ao encontrá-lo na outra margem,
perguntaram:
Rabi, quando chegaste aqui?

26. Ieschua respondeu-lhes:
Em verdade, em verdade eu vos digo:
vós me procurais, não porque vistes os sinais,

---

37. 25 estádios = cerca de cinco quilômetros.

mas porque comestes o pão
e ficastes saciados.

27. Esforçai-vos,
não pelo alimento que se estraga,
e sim pelo alimento que alimenta
em vós a vida eterna.
É este o alimento que o Filho do Homem vos dá,
aquele que o Pai marcou com seu selo.

28. Então lhe perguntaram:
O que devemos fazer para trabalhar
nas obras de Deus?

29. Ieschua respondeu:
A obra de Deus
é que acrediteis naquele que ele enviou.

30. Então, perguntaram-lhe:
Mas tu, que sinal fazes para que vejamos
e acreditemos em ti?
Qual é a tua obra?

31. Nossos pais comeram o maná no deserto,
conforme a palavra da Escritura:
"Deu-lhes para comer pão do céu".

32. Ieschua respondeu:
Em verdade, em verdade, eu vos digo:
não foi Moshé
que vos deu o pão do céu.
Meu Pai é que vos dá o verdadeiro
pão do céu.

33. O pão de Elohim
é aquele que desce do céu
e dá vida ao mundo.

34. Disseram-lhe, então:
Senhor, dá-nos sempre desse pão.

35. Ieschua respondeu:
Eu Sou* o Pão da vida.
Quem vem a mim
jamais terá fome,
e quem crê na verdade
que está em mim
jamais terá sede.

36. Mas eu já vos disse:
vós me vedes e não credes.

37. Aqueles que o Pai me dá
virão a mim,
e o que acredita em mim
não o jogarei fora.

38. Eu desci do céu
não para fazer a minha vontade,
mas a vontade de quem me enviou.

39. E esta é a vontade de quem me enviou:
que eu não perca nenhum
daqueles que me deu,
mas que o ressuscite
no dia por vir[38].

40. Eis a vontade do Pai:
todo aquele que vê o Filho e acredita nele
tem a vida eterna.

41. Os *iehudim* começaram a murmurar a seu respeito
porque dissera:
"Eu Sou* – o Pão que desceu do céu".

42. E diziam:
Não é ele Ieschua, o filho de Iosseph?

---

38. "En te eschate hemera."

Nós conhecemos sua mãe
e seu pai.
Como, então, pode dizer:
"Desci do céu?"

43. Ieschua respondeu:
Não murmureis entre vós.

44. Ninguém pode vir a mim
se o Pai que me enviou não o atrair;
e eu ressuscitá-lo-ei no dia por vir[39].

45. Está escrito nos profetas:
"Todos serão ensinados por Deus".
Quem ouve o Pai
e é instruído por ele
vem a mim.

46. Não que alguém tenha visto o Pai,
pois só aquele que vem de Deus
é que viu o Pai.

47. Em verdade, em verdade, eu vos digo:
quem crê
tem a vida eterna.

48. Eu sou* o Pão da vida.

49. Vossos pais comeram o maná no deserto
e morreram.

50. Este é o Pão que desce do céu,
para que não morra
quem dele comer.

51. Eu sou o Pão vivo
descido do céu.
Se alguém comer deste Pão
viverá eternamente.
E o Pão que eu darei

---

39. Cf. nota de rodapé precedente.

é minha carne
para a vida do mundo.

52. Os *iehudim* começaram a discutir entre si:
Como pode esse homem nos dar de comer
sua carne?

53. Ieschua lhes disse:
Em verdade, em verdade, eu vos digo:
se não comerdes a carne do Filho do Homem
e não beberdes o seu sangue[40],
não tereis a vida em vós.

54. Quem come minha carne
e bebe meu sangue
tem a vida eterna
e eu o ressuscitarei no dia por vir.

55. Porque minha carne é verdadeiramente comida
e meu sangue é verdadeiramente bebida.

56. Quem come minha carne
e bebe meu sangue
permanece em mim,
e eu nele.

57. Do mesmo modo que eu vivo
pelo Pai que é a vida,
assim também quem se alimentar de mim
viverá por mim.

58. Este é o Pão descido do céu.
Não é como o pão que vossos pais
comeram
e, ainda assim, morreram.
Quem comer deste Pão viverá eternamente.

---

40. Carne/sangue – *basar/vadam*: hebraísmo que designa o homem inteiro.

59. Este foi o ensinamento de Ieschua
numa sinagoga
em Kephar-nahum.

60. Depois de o ouvirem,
muitos de seus discípulos disseram:
Estas palavras são duras! Quem pode escutá-las?

61. Percebendo que os discípulos
estavam murmurando por causa disso,
Ieschua disse-lhes:
Isto vos escandaliza?

62. E se vísseis o Filho do Homem
subir para onde estava na origem?

63. O *Pneuma* é que dá a vida.
A carne nada conhece.
As palavras que vos tenho dito
são Sopro e vida.

64. Mas, entre vós,
há alguns que não creem.
De fato, Ieschua sabia desde o princípio
quais eram os que não tinham fé
e quem haveria de entregá-lo.

65. E prossegue:
Por isso, eu vos disse:
ninguém pode vir a mim
se isso não lhe for concedido pelo Pai.

66. Desde então, muitos dos discípulos
se retiraram
e já não o seguiam.

67. Ieschua pergunta, então, aos doze:
Também vós quereis ir embora?

68. Shimon Petros respondeu:
Mestre, para quem iríamos?
Tu tens palavras de vida eterna.

69. Nós acreditamos e sabemos
que tu és o Santo de Deus.

70. Ieschua respondeu-lhes:
Não fui eu que vos escolhi,
os doze?
Mas um de vós é um diabo[41].

71. Estava falando de Iehuda,
filho de Shimon Isch Qeriot[42].

7

1. Depois disso, Ieschua andava pela Galileia.
Não podia andar pela Judeia:
os *iehudim* dali o queriam matar.

2. Estava perto Sukot[43], a Festa dos Tabernáculos.
Então os seus irmãos disseram-lhe:

3. Levanta-te, sai daqui
e vai para a Judeia,
para que teus discípulos vejam as obras que fazes.

4. Ninguém age em segredo
quando deseja ser conhecido do público.
Já que fazes belas obras,
mostra-te ao mundo.

5. Pois, nem mesmo seus irmãos acreditavam
na verdade que estava nele.

---

41. Ha-shatan (H) – diabolos (G) – diabolus (L) – diabo, demônio (P) – literalmente: divisor – acusador – adversário – inimigo.

42. *Isch Qeriot*: "o homem de Qeriot".

43. *Sukot*: festa agrícola de outono durante a qual são feitas ações de graças pela colheita (Ex 23,16; 34,22) e, ao mesmo tempo, comemorativa dos milagres do Êxodo. Ela anuncia também as alegrias e as bênçãos da era messiânica (cf. Zc 14,16-19).

6. Ieschua disse-lhes:
A minha hora[44] ainda não chegou,
mas o vosso tempo está sempre preparado.

7. O mundo não vos pode odiar.
Odeia, porém, a mim
porque testemunho contra ele
de que suas obras são más.

8. Subi, vós, para a festa.
Para esta festa eu não vou,
porque ainda não se cumpriu o meu tempo.

9. Tendo dito isto,
ficou na Galileia.

10. Mas depois que os irmãos tinham ido,
também ele foi para a festa,
secretamente,
sem se fazer ver.

11. Os *iehudim* o procuravam na festa
e perguntavam:
Onde está ele?

12. E havia muitos comentários a seu respeito
entre o povo.
Uns diziam:
É um homem de bem.
Outros, porém, diziam:
Não, ele engana o povo.

13. Mas ninguém falava abertamente sobre ele,
por medo dos *iehudim*.

14. Quando a festa estava pelo meio,
Ieschua subiu ao templo
e começou a ensinar.

---

44. *Kairos*.

15. Os *iehudim* ficavam admirados
e diziam:
Como é que ele pode conhecer tudo isso
sem ter estudado?

16. Ieschua respondeu-lhes:
Minha doutrina não é minha,
mas daquele que me enviou.

17. Se alguém quiser fazer a vontade dele,
saberá se minha doutrina vem de Deus,
ou se falo de mim mesmo.

18. Quem fala de si mesmo
procura a própria glória;
mas quem procura a glória
daquele que o enviou
esse é digno de fé
e nele não há injustiça.

19. Não foi Moshé que vos deu a Thora?
E, no entanto, nenhum de vós a põe em prática!
Por que procurais matar-me?

20. A multidão respondeu:
Tu estás possuído do demônio!
Quem é que procura matar-te?

21. Ieschua responde:
Eu fiz uma única obra
e todos ficastes espantados.

22. Moshé vos deu a circuncisão –
não que ela provenha de Moshé,
mas dos patriarcas –
e vós circuncidais um homem no dia de *Shabbat*.

23. Se um homem recebe a circuncisão
em um dia de *Shabbat*,
para se cumprir a lei de Moshé,
por que vos irritais contra mim

porque curei um homem
no dia de *Shabbat*?

24. Não julgueis pelas aparências,
mas julgai segundo a justiça.

25. Algumas pessoas de Ierushalaim diziam:
Não é este o homem que estão tentando matar?

26. E ele fala livremente
sem que lhe digam nada.
Será que as autoridades realmente o reconheceram como o Messias?

27. Nós sabemos de onde este homem vem;
mas quando vier o Messias,
ninguém saberá de onde vem.

28. Ieschua estava ensinando no templo
e disse em voz alta:
Vós sabeis que Eu Sou*
e sabeis donde Eu Sou*.
Não venho por mim mesmo,
mas aquele que me envia é verdadeiro,
embora não o conheçais.

29. Eu o conheço
porque venho da parte dele, Eu Sou*.
Ele me enviou.

30. Procuravam prendê-lo,
mas ninguém punha as mãos nele,
porque ainda não tinha chegado a sua hora.

31. Muitos do povo creram nele e perguntavam:
Quando vier o Messias,
será que fará mais sinais
do que este homem?

32. Os *peruschim* ouviram dizer que,
entre a multidão, eram feitos estes comentários
e mandaram guardas para prendê-lo.

33. Então, Ieschua disse:
Ainda ficarei
um pouco de tempo convosco,
depois irei para aquele que me enviou.

34. Vós me procurareis
e não me achareis.
E para onde Eu Sou*,
vós não podeis ir.

35. Os *iehudim* comentavam entre si:
Para onde é que ele vai
que não poderemos achá-lo?
Porventura irá para o meio daqueles
dispersos entre os gregos?
Será que irá ensinar aos gregos?

36. O que é isso que diz:
"vós me procurareis
e não me achareis,
e para onde Eu Sou,
vós não podeis ir"?

37. No último dia,
o mais importante da festa,
Ieschua estava de pé
e falou em voz alta:
Se alguém tiver sede
venha a mim
e beba.

38. Quem crê em mim,
como diz a Escritura,
do seu interior correrão rios de água viva.

39. Referia-se ao Sopro
que haviam de receber aqueles
que cressem nele.
De fato, ainda não tinha sido dado o *Pneuma*,
pois Ieschua ainda não tinha sido glorificado.

40. Ouvindo estas palavras,
alguns da multidão começaram a dizer:
Este é realmente o profeta.

41. Outros se questionavam:
Por acaso o Messias poderá vir da Galileia?
Não diz a Escritura
que o Messias
será *"da família de Davi"*
e virá *"de Beit-lehem"*?

42. Surgiu, assim, uma divisão entre o povo por causa de Ieschua.

43. Alguns queriam prendê-lo,
mas ninguém pôs as mãos nele.

44. Os guardas voltaram para junto dos sumos sacerdotes
e *peruschim*
que lhes perguntaram:
Por que não o trouxestes?

45. Os guardas responderam:
Jamais alguém falou como este homem fala.

46. Os *peruschim* disseram-lhes:
Será que também vós fostes enganados?

47. Por acaso alguém das autoridades ou dos *peruschim*
acreditou nele?

48. Aliás, esta gente que ignora a Thora
são uns amaldiçoados!

49. Mas um deles, de nome Naqdimon,
o mesmo que, anteriormente, tinha ido procurar Ieschua,
perguntou:

50. Por acaso, nossa Lei condena alguém
sem antes ouvi-lo e saber
o que ele fez?

51. Responderam-lhe:
Tu também és da Galileia?

Investiga! (perscruta as escrituras)
e verás que da Galileia
não sai nenhum profeta.

52. E eles se retiraram cada um para sua casa.

8

1. Ieschua foi para o Monte das Oliveiras.

2. De manhã,
voltou para o templo.
Todo o povo se juntou em torno dele.
E ele, sentado, se pôs a ensinar.

3. Então os *sopherim*[45] *e os peruschim*
trouxeram uma mulher
apanhada em flagrante adultério,
colocam-na no meio do círculo
e dizem a Ieschua:

4. Rabi, esta mulher foi surpreendida
em flagrante adultério.

5. Na Thora, Moshé nos manda
apedrejar essas mulheres;
mas tu o que dizes?

6. Perguntavam isto
para testá-lo,
a fim de terem do que o acusar.
Ieschua, porém, inclinou-se
e começou a escrever com o dedo no chão.

---

45. Sopherim (H) – grammatos (G) – scribae (L) = escribas letrados – conhecedores da Escritura, teólogos.

7. Como insistissem em perguntar,
ergueu-se e lhes disse:
Aquele de vós que estiver sem pecado
atire-lhe a primeira pedra.

8. E, inclinando-se de novo,
continuou a escrever no chão.

9. Ao ouvirem isto, foram saindo um a um,
a começar pelos mais velhos.
Ieschua ficou só, com a mulher.

10. Erguendo-se, disse-lhe:
Mulher, onde estão eles?
Ninguém te condenou?

11. Ninguém, Senhor.
Ieschua disse-lhe:
Nem eu te condeno.
Vai e, de agora em diante, não peques.

12. Ieschua dirigiu-lhes, de novo,
a palavra e disse-lhes:
Eu Sou* a luz do mundo.
Quem me segue
não andará nas trevas,
mas na luz da vida.

13. Então, os *peruschim* disseram-lhe:
Tu dás testemunho de ti mesmo.
O teu testemunho não é digno de fé.

14. Ieschua respondeu-lhes:
Embora eu dê testemunho de mim mesmo,
meu testemunho é verdadeiro,
pois sei donde vim e para onde vou.
Vós é que não sabeis donde eu venho, nem para onde vou.

15. Vós julgais segundo as aparências,
quanto a mim, não julgo ninguém.

16. E quando julgo,
o meu julgamento é conforme à verdade
porque não estou sozinho,
mas com aquele que me enviou.

17. Aliás, na Thora, está escrito:
o testemunho de duas pessoas
é digno de fé.

18. Dou testemunho de mim mesmo,
assim como dá testemunho de mim
o Pai que me enviou.

19. Perguntaram-lhe:
Onde está teu Pai?
Ieschua respondeu:
Vós não conheceis nem a mim,
nem a meu Pai.
Se me conhecêsseis,
conheceríeis também o meu Pai.

20. Ele proferiu estas palavras
quando ensinava no templo, junto aos cofres de esmola.
E ninguém o prendeu,
porque ainda não havia chegado a sua hora.

21. Outra vez, Ieschua lhes disse:
Eu vou embora,
e vós me procurareis,
mas havereis de morrer no vosso descaminho.
Para onde eu vou,
vós não podeis ir.

22. Então, os *iehudim* começaram a se perguntar:
Será que ele vai matar-se, pois diz:
"para onde eu vou,
não podeis ir"?

23. Ele disse-lhes:
Eu sou lá do alto,
vós sois cá de baixo.

Vós sois deste mundo,
eu não sou deste mundo.

24. É, por isso, que eu vos disse:
morrereis no vosso descaminho.
Pois se não crerdes que "Eu Sou*",
morrereis nos vossos pecados.

25. Quem és tu? – perguntaram-lhe, então.
Ieschua respondeu:
Desde o começo venho dizendo quem Eu Sou*.

26. Tenho muitas coisas
para dizer
e julgar a vosso respeito.
Mas aquele que me enviou é verdadeiro,
e eu falo ao mundo
o que dele ouvi.

27. Mas eles não compreenderam
que lhes falava do Pai.

28. Ieschua, então, lhes disse:
Quando tiverdes levantado o Filho do Homem,
sabereis que Eu Sou*
e que nada faço por mim mesmo,
mas falo assim
como o Pai me ensina.

29. Aquele que me enviou:
está comigo.
Não me deixa sozinho,
pois faço sempre
o que é do seu agrado.

30. Ao falar isso,
muitos creram
na verdade que estava nele.

31. Ieschua disse aos *iehudim*
que acreditaram nele:

Se permanecerdes em minha palavra,
sereis verdadeiramente meus discípulos.

32. Conhecereis a verdade,
e a verdade vos libertará.

33. Somos descendentes de Abraão –
disseram eles –
e jamais fomos escravos de alguém.
Como podes dizer:
"vós sereis livres"?

34. Ieschua respondeu:
Em verdade, em verdade, eu vos digo:
todo homem que comete pecado
é escravo do pecado.

35. Ora, o escravo não fica na casa para sempre,
mas o Filho sim, fica para sempre.

36. Se, portanto, o Filho vos libertar,
sereis realmente livres.

37. Bem sei que sois descendentes de Abraão,
mas quereis matar-me
porque minha palavra não é acolhida por vós.

38. Eu falo do que vi junto do Pai,
e vós fazeis o que aprendestes
de vosso pai.

39. Nosso pai é Abraão –
responderam eles.
Ieschua lhes disse:
Se fôsseis filhos de Abraão,
faríeis as obras de Abraão.

40. No entanto, agora quereis tirar-me a vida,
a mim que vos tenho falado a verdade
que ouvi de Deus.
Isso Abraão não fez.

41. Vós fazeis as obras de vosso pai.
Eles lhe responderam:
Nós não nascemos da prostituição;
temos um só Pai que é Deus.

42. Ieschua lhes disse:
Se Deus fosse vosso Pai,
vós me amaríeis.
Saí e venho de Deus.
Não vim por mim mesmo.
Foi ele que me enviou.

43. Por que não compreendeis a minha linguagem?
É porque não sois capazes de ouvir minha palavra.

44. Vós tendes como pai o diabo
e quereis fazer
os desejos de vosso pai.
Desde o princípio, ele foi homicida
e não se manteve na verdade,
porque a verdade não está com ele.
Quando mente,
fala do que é seu,
pois é mentiroso
e pai da mentira.

45. Mas em mim, porque vos digo a verdade,
vós não credes.

46. Quem de vós poderá acusar-me
de descaminho?
Se vos digo a verdade,
por que não acreditais em mim?

47. Quem é de Deus
ouve as palavras de Deus.
Se não as ouvis
é porque não sois de Deus.

48. Os *iehudim* lhe responderam:
Não teremos razão em dizer

que és um samaritano
e estás possuído por um espírito mau?

49. Ieschua respondeu:
Eu não tenho demônio.
Ao contrário, honro meu Pai,
e vós procurais desonrar-me.

50. Eu não procuro a minha glória.
Há quem a procure e julgue.

51. Em verdade, em verdade, eu vos digo:
se alguém guardar minha palavra,
jamais verá a morte.

52. Então, os *iehudim* disseram:
Agora nos convencemos
de que estás possuído por um espírito maligno.
Abraão morreu,
os profetas também,
e tu dizes:
"Quem guardar minha palavra
nunca provará da morte".

53. Acaso és maior do que nosso pai Abraão,
que morreu? Ou do que os profetas
que também morreram?
Quem pretendes ser?

54. Em resposta Ieschua disse:
Se me glorificasse a mim mesmo,
minha glória não seria nada.
Meu Pai é que me glorifica.
Ele, de quem dizeis: "Ele é nosso Deus".

55. Vós não o conheceis,
mas eu o conheço.
Se eu dissesse: "eu não o conheço",
seria mentiroso como vós.
Mas eu o conheço
e guardo sua palavra.

56. Abraão, vosso pai,
alegrou-se porque haveria de ver o meu dia.
Viu-o e exultou.

57. Os *iehudim* disseram-lhe:
Ainda não tens cinquenta anos
e viste Abraão!

58. Ieschua respondeu:
Em verdade, em verdade, eu vos digo:
antes que Abraão fosse,
Eu Sou*.

59. Então, os *iehudim* apanharam pedras para atirar em Ieschua,
mas ele se escondeu
e saiu do templo.

9

1. Ieschua estava passando
e viu um homem
que era cego de nascença.

2. Os discípulos perguntaram-lhe:
Rabi, quem foi que pecou,
ele ou os pais,
para ele nascer cego?

3. Ieschua respondeu:
Ninguém pecou, nem ele nem seus pais,
mas é para que as obras de Deus
se manifestem nele.

4. Enquanto é dia,
é preciso trabalhar
nas obras daquele que me enviou.

Virá a noite,
quando já ninguém poderá trabalhar.

5. Enquanto estou no mundo,
Eu Sou* a luz do mundo.

6. Ao falar isso, Ieschua cuspiu no chão,
fez um pouco de lama com a saliva
e, com essa lama, fez uma unção
nos olhos do cego.

7. Ele disse-lhe:
Vai lavar-te na piscina de Schiloah
(que quer dizer: enviado).
O cego foi,
lavou-se
e voltou vendo.

8. Os vizinhos e quem antes o conhecia,
pois era mendigo, diziam:
Não é aquele que estava sentado
pedindo esmola?

9. Uns respondiam: É sim.
Outros contestavam: Não é ele não, apenas se parece com ele.
Mas ele mesmo dizia:
Sou eu, sim.

10. Perguntaram-lhe, então:
Como se abriram os teus olhos?

11. Ele respondeu:
O homem chamado Ieschua
fez um pouco de lama,
passou nos meus olhos e disse:
"Vai a Schiloah lavar-te".
Fui,
lavei-me
e recuperei a vista.

12. Onde está ele?
– perguntaram.

Ele respondeu:
Não sei.

13. Levaram, então, o cego curado
à presença dos *peruschim*.

14. Ora, o dia em que
Ieschua fez a lama
e abriu os olhos do cego
era um *Shabbat*.

15. Os *peruschim* perguntaram
novamente ao cego
como tinha recuperado a vista.
Respondeu-lhes:
Ele me pôs lama nos olhos,
eu me lavei
e estou vendo.

16. Então, alguns dos *peruschim* comentaram:
Este homem não pode vir de Deus,
pois não guarda o *Shabbat*.
Outros diziam:
Mas como pode um homem pecador
fazer tão grandes sinais?
E eles ficaram divididos.

17. Dirigiram-se, novamente, ao cego:
E tu, o que dizes
daquele que te abriu os olhos?
Ele respondeu:
É um profeta.

18. Os *iehudim* já não queriam
admitir que o homem
fora cego e tivesse recuperado a vista.
Por isso, chamaram
os pais dele.

19. E os interrogaram:
Este é o vosso filho

que afirmais ter nascido cego?
Como, então, ele agora está enxergando?

20. Os pais responderam:
Sabemos que este é o nosso filho
e que nasceu cego.

21. Mas não sabemos
como agora está enxergando,
ou quem lhe abriu os olhos.
Perguntai-lhe,
já tem idade para falar por si próprio.

22. Os pais disseram isso
porque tinham medo dos *iehudim*.
É que eles tinham ameaçado expulsar
da sinagoga quem reconhecesse
Ieschua como Messias.

23. Foi por isso que os pais do cego
disseram: "Perguntai a ele. Já tem idade".

24. Os *iehudim* tornaram a chamar o homem que tinha sido cego
e disseram:
Dá glória a YHWH.
Nós sabemos que aquele homem
é um impostor.

25. Ele respondeu:
Se é um impostor, não sei.
Sei apenas
que antes eu era cego
e agora estou vendo.

26. Perguntaram-lhe mais uma vez:
O que foi que ele te fez?
Como te abriu os olhos?

27. Ele respondeu:
Eu já vos disse,
e não me destes ouvidos.

Por que quereis
ouvir de novo?
Será que também vós quereis tornar-vos discípulos dele?

28. Entre insultos,
eles disseram:
Tu és discípulo dele;
quanto a nós, somos discípulos
de Moshé.

29. Sabemos que YHWH falou a Moshé.
Quanto a este, não sabemos de onde vem.

30. O cego respondeu:
É espantoso que não saibais
donde ele vem,
apesar de me ter aberto os olhos.

31. Sabemos que YHWH
não atende a pecadores,
mas escuta
a quem é piedoso
e faz a sua vontade.

32. Jamais se ouviu dizer
que alguém tivesse aberto
os olhos a um cego de nascença.

33. Se este homem não fosse de YHWH,
não poderia fazer nada.

34. Eles disseram:
Tu nasceste em pecado
e nos queres ensinar?
E o expulsaram.

35. Ieschua soube que o haviam expulsado
e, quando o encontrou, perguntou-lhe:
Crês no Filho do Homem?

36. Quem é ele, Senhor, para que eu creia nele?
– respondeu.

37. Ieschua lhe disse:
Tu o estás vendo:
é aquele que fala contigo.

38. Creio, Senhor,
disse ele,
e prostrou-se diante de Ieschua.

39. E Ieschua disse:
Eu vim a este mundo
para fazer uma separação:
a fim de que os que não veem, vejam,
e os que veem se tornem cegos.

40. Alguns dos *peruschim* presentes
ouviram isto
e perguntaram:
Por acaso também nós somos cegos?

41. Se fôsseis cegos
– disse-lhes Ieschua –
não estaríeis desencaminhados;
mas como dizeis: "Vemos!",
o vosso descaminho permanece.

10

1. Em verdade, em verdade, eu vos digo:
quem não entra pela porta
do curral das ovelhas,
mas sobe por outro lugar,
é ladrão e assaltante.

2. Quem entra pela porta
é o pastor das ovelhas.

3. Para este, o porteiro abre a porta,
e as ovelhas ouvem a sua voz.

Ele chama cada uma das ovelhas que lhe pertencem,
pelo nome, e as leva para fora.

4. Depois de fazer sair todas,
vai na frente,
e elas o seguem
porque conhecem a sua voz.

5. Não seguem o estranho,
mas fogem dele:
não conhecem sua voz.

6. Ieschua disse-lhes esta parábola,
mas eles não entenderam
o que queria dizer.

7. Por isso, Ieschua continuou:
Em verdade, em verdade, eu vos digo:
Eu Sou* a porta das ovelhas.

8. Todos os que vieram antes de mim
eram ladrões e assaltantes,
mas as ovelhas não os ouviram.

9. Eu Sou* a porta.
Quem entrar por mim será salvo.
Entrará e sairá
e encontrará pastagem.

10. O ladrão vem só
para roubar, matar e destruir.
Eu vim
para que todos tenham vida
e a tenham em plenitude.

11. Eu Sou o pastor verdadeiro[46].
O pastor verdadeiro dá a vida por suas ovelhas.

---

46. *Ego eimi o poimen o kalos.*
Kalos = belo, bom, verdadeiro. Cf. "A beleza é o esplendor do verdadeiro".

12. O mercenário, que não é o pastor verdadeiro,
de quem não são as ovelhas,
quando vê o lobo chegar,
abandona as ovelhas
e foge.
Então, o lobo ataca e dispersa as ovelhas.

13. Assim age porque é mercenário
e não se importa com as ovelhas.

14. Eu sou o pastor verdadeiro.
Conheço as minhas ovelhas
e elas me conhecem.

15. Assim como o Pai me conhece,
eu conheço o Pai.
Eu dou minha vida pelas ovelhas.

16. Possuo ainda outras ovelhas
que não são deste curral.
É preciso que eu as conduza;
elas ouvirão minha voz,
e haverá um só rebanho
e um só pastor.

17. Se o Pai me ama
é porque dou minha vida
para de novo a retomar.

18. Ninguém a tira de mim.
Sou eu mesmo que a dou.
Tenho o poder de dá-la
e o poder de retomá-la.
Esta é a ordem
que recebi de meu Pai.

19. Surgiu, de novo, desacordo
entre os *iehudim*
por causa dessas palavras.

20. Muitos deles diziam:
Ele está possuído

de demônio e perdeu o juízo;
por que o escutais?

21. Outros diziam:
Estas palavras não são
de quem está possuído de demônio.
Por acaso um demônio pode abrir
os olhos aos cegos?

22. Era inverno
e celebrava-se, em Ierushalaim,
a festa de Hanukkah[47].

23. Ieschua passeava
no templo,
sob o pórtico de Salomão.

24. Então, os *iehudim* o rodearam
e perguntaram:
Até quando
nos deixarás na dúvida?
Se tu és o Messias,
dize-nos abertamente.

25. Ieschua lhes respondeu:
Já vos disse
e não credes.
As obras que eu faço,
em nome de meu Pai,
dão testemunho de mim.

26. Mas vós não acreditais
porque não sois minhas ovelhas.

27. Minhas ovelhas ouvem a minha voz;
eu as conheço
e elas me seguem.

---

47. *Hanukkah*: em meados de dezembro. Judas Macabeu instituiu essa festa da purificação do templo que tinha sido profanado por Antíoco Epifânio. Nesta "festa das luzes", durante 8 dias, fica aceso um candelabro com 8 braços.

28. Eu lhes dou a vida eterna
e elas nunca morrerão,
e ninguém as arrancará de minha mão.

29. Meu Pai que me deu as ovelhas
é maior do que todos,
e ninguém poderá retirar nada
da mão de meu Pai.

30. Eu e o Pai
somos um.

31. Os *iehudim* apanharam, de novo,
pedras para apedrejá-lo.

32. Então, Ieschua lhes disse:
Muitas obras boas
vos tenho mostrado.
Por qual delas me apedrejais?

33. Por nenhuma obra boa
te apedrejamos,
mas sim pela blasfêmia,
pois sendo homem,
te fazes Deus.

34. Ieschua respondeu:
Não está escrito na Thora:
"Eu disse: vós sois deuses"?

35. Portanto, a lei chama deuses
àqueles a quem se dirige a palavra de Deus:
a Escritura não pode falhar.

36. Como podeis dizer:
"tu blasfemas",
Àquele que o Pai santificou
e enviou ao mundo,
só porque eu disse:
"Eu Sou* Filho de Deus"[48]?

---

48. *Uios tu theu eimi* = Filho de Deus – Eu Sou.

37. Se eu não faço as obras do Pai,
não acreditais em mim.

38. Mas, se as faço,
mesmo que não acrediteis em mim,
crede nas obras.
Assim reconhecereis
que eu estou no Pai
e o Pai em mim.

39. De novo, procuraram prendê-lo,
mas ele se esquivou de suas mãos.

40. Ieschua se retirou, novamente,
para o outro lado do Jordão,
onde Iohanan tinha começado a batizar,
e lá permaneceu.

41. Muitos vinham a ele
e diziam:
Iohanan não fez nenhum milagre,
mas todas as coisas que ele disse
deste homem eram verdadeiras.

42. E ali muitos creram nele.

11

1. Havia um homem doente,
El'Azar[49] de Beit-ananiah,
aldeia de Miryam e de sua irmã, Marta.

2. Miryam era aquela que tinha ungido o Senhor
com óleo perfumado

---

49. Lázaro.

e lhe tinha enxugado os pés com os cabelos.
O enfermo era seu irmão El'Azar.

3. As irmãs mandaram
dizer a Ieschua:
Senhor, aquele a quem amas está doente.

4. Quando ouviu isso, Ieschua disse:
Esta doença não causará a morte,
mas se destina à Glória de Deus:
por ela, o Filho de Deus será glorificado.

5. Ora, Ieschua amava Marta, sua irmã
e El'Azar.

6. Embora estivesse informado de que ele estava doente,
demorou-se ainda dois dias
naquele lugar.

7. Depois, disse aos discípulos:
Voltemos para a Judeia.

8. Os discípulos
disseram:
Rabi, há pouco, os *iehudim* te queriam apedrejar
e tu voltas para lá?

9. Ieschua respondeu:
Não são doze as horas do dia?
Se alguém caminha durante o dia,
não tropeça
porque vê a luz.

10. Mas se caminha de noite,
tropeça
porque lhe falta a luz.

11. Depois destas palavras,
acrescentou:
El'Azar, nosso amigo, adormeceu,
mas eu vou despertá-lo.

12. Mestre, se ele está dormindo é porque vai ficar bom –
disseram os discípulos.

13. Ieschua se referia à morte,
mas eles pensavam que estivesse falando do repouso do sono.

14. Então, Ieschua lhes falou claramente:
El'Azar morreu.

15. Eu me alegro de não ter estado lá,
para que tenhais a ocasião
de ficar seguros da verdade que está em mim.
Mas vamos até ele.

16. Tomé, chamado "gêmeo"[50],
disse então aos companheiros:
Vamos nós também para morrermos com ele.

17. Quando Ieschua chegou,
já fazia quatro dias que El'Azar estava no túmulo.

18. Beit-ananiah ficava perto de Ierushalaim,
a uns quinze estádios*.

19. Muitos *iehudim* tinham vindo
até Marta e Miryam
para as consolar da morte do irmão.

20. Quando Marta ouviu
que Ieschua havia chegado,
saiu-lhe ao encontro.
Miryam ficou sentada em casa.

21. Marta disse a Ieschua:
Se tivesses estado aqui,
meu irmão não teria morrido.

22. Sei, porém,
que tudo quanto pedires

---

50. Gêmeo: dídimo. Cf. *O Evangelho de Tomé*, traduzido e comentado por Jean-Yves Leloup. Petrópolis: Vozes, 1997.

* Cerca de três quilômetros [N.T.].

a Deus,
Deus te concederá.

23. Ieschua respondeu:
Teu irmão ressuscitará.

24. Sei que ele ressuscitará na ressurreição
do último dia
– disse Marta.

25. Ieschua lhe disse:
Eu Sou a ressurreição e a vida[51].
Quem crê em mim,
ainda que esteja morto, viverá.

26. E quem vive e crê em mim,
jamais morrerá.
Estás segura desta verdade?

27. Sim, Senhor
– respondeu ela;
creio que és o Messias,
o Filho de Deus, Aquele que devia vir
a este mundo.

28. Dito isso,
ela foi chamar sua irmã, Miryam,
e disse-lhe baixinho:
O Mestre está aí e te chama.

29. Ao ouvir isso, Miryam
levantou-se imediatamente e foi ao encontro dele.

30. É que Ieschua ainda não havia entrado
no povoado, mas ficou lá
onde Marta o tinha encontrado.

31. Os *iehudim*, que estavam
com ela e a consolavam,

---

51. *Ego eimi é anastasis kai é zoe.*

vendo que Miryam se tinha levantado e saído às pressas,
seguiram-na, pensando
que ia ao sepulcro para chorar.

32. Assim que Miryam chegou onde Ieschua estava,
lançou-se aos pés dele e disse:
Senhor, se tivesses estado aqui,
o meu irmão não teria morrido.

33. Quando viu que Miryam
e todos os *iehudim* que vinham com ela
estavam chorando,
Ieschua comoveu-se profundamente,
emocionado.

34. Perguntou:
Onde o pusestes?
Senhor, vem ver
– disseram-lhe.

35. Ieschua começou a chorar.

36. Os *iehudim* comentavam:
Vede como ele o amava!

37. Alguns, porém, diziam:
Ele, que abriu os olhos do cego de nascença,
não podia
fazer com que este homem não morresse?

38. Tomado novamente de profunda emoção,
Ieschua dirigiu-se ao sepulcro.
Era uma gruta
com uma pedra colocada na entrada.

39. Ieschua ordenou:
Tirai a pedra.
Marta disse:
Senhor, já está cheirando mal,
pois já está aí há quatro dias.

40. Ieschua respondeu:
Eu não te disse
que, se acreditasses,
verias a glória de Deus?

41. Tiraram, então, a pedra.
Ieschua levantou os olhos para o alto
e disse:
Pai, eu te dou graças
porque me atendeste.

42. Eu sei que sempre me atendes,
me escutas e me respondes,
mas digo isto
por causa da multidão
que me rodeia,
para que creiam que tu me enviaste.

43. Depois dessas palavras, gritou bem forte:
El'Azar, vem para fora!

44. O morto saiu
com os pés e as mãos atados com faixas,
e o rosto envolto num sudário.
Ieschua ordenou:
Desatai-o
e deixai-o andar.

45. Muitos *iehudim*,
que tinham ido visitar Miryam
e visto o que Ieschua fizera,
acreditaram nele.

46. Outros, porém,
foram ter com os *peruschim*
e contaram o que Ieschua tinha feito.

47. Então, os sumos sacerdotes e os *peruschim*
convocaram um sínodo:
O que faremos?
Este homem faz muitos sinais.

48. Se o deixarmos assim,
todos vão acreditar nele;
depois virão os romanos e destruirão
nosso lugar santo e nossa nação.

49. Um deles, Caiapha,
que era o sumo sacerdote daquele ano,
disse-lhes:
Vós não entendeis nada!

50. Não compreendeis que é melhor para nós
que morra um só homem pelo povo
para que não pereça a nação toda?

51. Ele não disse isto por si mesmo
mas, sendo o sumo sacerdote,
profetizou que Ieschua
iria morrer pelo povo.

52. Não só pelo povo,
mas também para reunir na unidade
os filhos de Deus que estão dispersos.

53. A partir desse dia,
resolveram tirar-lhe a vida.

54. Por isso, Ieschua já não andava
em público, entre os *iehudim*.
Retirou-se, em vez disso, para a região
próxima ao deserto,
para uma cidade chamada Efraim,
e ali morava com os discípulos.

55. Estava próxima a Pessah.
Muitos *iehudim* subiam do interior
para Ierushalaim antes da Pessah
a fim de se purificar.

56. Procuravam Ieschua
e perguntavam uns aos outros
no templo:

Que vos parece?
Será que ele vem para a festa?

57. De fato, os sumos sacerdotes e os *peruschim*
tinham dado ordem
para que, se alguém soubesse onde ele estava,
o denunciasse
a fim de o prenderem.

12

1. Seis dias antes da festa de Pessah,
Ieschua foi para Beit-ananiah,
onde estava El'Azar que ele havia erguido
de entre os mortos.

2. Ali, prepararam-lhe um jantar.
Marta estava servindo,
e El'Azar era um dos que estavam à mesa com Ieschua.

3. Miryam pegou, então, uma libra[52]
de um perfume de nardo puro
muito caro,
ungiu os pés de Ieschua
e os enxugou com os cabelos.
A casa ficou toda perfumada.

4. Iehuda, o homem de Qeriot,
um dos discípulos,
aquele que o havia de trair,
disse:

---

52. Uma libra: um pouco mais de 300g.

5. Por que não se vendeu
esse perfume por trezentas moedas de prata[53]
e não se deu aos pobres?

6. Falava, assim, não porque se interessasse pelos pobres,
mas porque era ladrão.
Tomava conta da bolsa
e roubava o que nela depositavam.

7. Ieschua disse, então:
Deixa-a sossegada.
Ela deveria reservar esse perfume
para o dia de minha sepultura.

8. Sempre tereis pobres convosco,
mas a mim
nem sempre tereis.

9. Grande multidão que vinha da Judeia
soube que ele estava lá
e vieram, não só por causa de Ieschua,
mas para ver El'Azar,
a quem ele havia erguido de entre os mortos.

10. Os sumos sacerdotes tinham decidido
matar também El'Azar,

11. porque, por sua causa, muitos *iehudim*
se afastavam deles
e criam em Ieschua.

12. No dia seguinte, a numerosa multidão
que tinha vindo para a festa
ouviu dizer que Ieschua estava chegando
a Ierushalaim.

13. Pegaram ramos de palmeira
e saíram ao encontro de Ieschua, aclamando:

---

53. Essa soma representa o ganho médio de 10 meses de trabalho.

Hosana!
Bendito o quem vem em nome de
YHWH.

14. Ieschua encontrou um jumentinho
e montou,
conforme as palavras da Escritura:

15. *"Não temas, filha de Sião!*
Aí vem o teu rei
montado num filho de jumenta".

16. A princípio,
os discípulos não compreenderam estas coisas.
Mas quando Ieschua foi glorificado,
lembraram-se que isso
estava escrito a seu respeito,
e que assim lhe fizeram.

17. O povo que estivera presente
quando Ieschua tinha chamado El'Azar
do sepulcro
e o tinha erguido de entre os mortos
dava testemunho a seu respeito.

18. O povo
saía ao encontro de Ieschua
porque tinha ouvido falar que ele havia realizado
esse milagre.

19. Os *peruschim* disseram, então, uns aos outros:
Estais vendo que não conseguimos
nada.
Todo mundo corre atrás dele.

20. Entre os que tinham subido para adorar
no dia da festa
havia alguns gregos.

21. Eles se aproximaram de Philippos, que era de
Beit-Zathah da Galileia, e pediram:
Senhor, queremos ver Ieschua.

22. Philippos falou isto para Andreas.
Então, Andreas e Philippos foram dizer isso
a Ieschua.

23. Ieschua respondeu-lhes:
É chegada a hora
em que o Filho do Homem será glorificado.

24. Em verdade, em verdade, eu vos digo:
se o grão de trigo não cair na terra
e não morrer,
ficará só;
mas se morrer,
produzirá muito fruto.

25. Quem fica apegado à sua vida[54]
vai perdê-la;
mas quem não se apega à vida neste mundo
vai guardá-la para a vida eterna.

26. Se alguém quiser me servir,
siga-me.
Onde eu estiver*,
estará também quem me serve.
Se alguém me servir,
o Pai o glorificará.

27. Agora, minha alma está perturbada[55].
Mas o que direi?
Pai, livra-me desta hora?
Mas foi exatamente para viver esta hora
que eu vim.

28. Pai, glorifica o teu nome.
Veio, então, uma voz do céu:

---

54. Literalmente: quem ama sua "psique".

* No original, *Je Suis** = Eu Sou* [N.T.].

55. Literalmente: minha "psique" está perturbada.

"Já o glorifiquei
e tornarei a glorificá-lo".

29. A multidão que ali se encontrava
e tinha ouvido isto
dizia:
Trovejou.
Outros diziam:
Um anjo falou com ele.

30. Ieschua disse:
Não é para mim
que esta voz se fez ouvir,
mas para vós.

31. Agora, é o julgamento deste mundo.
Agora, o príncipe deste mundo
será lançado fora.

32. E quando eu for levantado da terra,
atrairei todos os homens a mim.

33. Ieschua dizia isso
para indicar de que morte haveria de morrer.

34. A multidão lhe respondeu:
Nós sabemos pela Thora
que o Messias vai permanecer para sempre.
Como podes dizer:
"é necessário que o Filho do Homem seja levantado"?
Quem é esse Filho do Homem?

35. Ieschua lhes disse:
Por pouco tempo ainda
a luz está no vosso meio.
Caminhai enquanto tendes luz,
para que a escuridão não vos surpreenda,
pois quem caminha na escuridão
não sabe para onde vai.

36. Enquanto tendes luz,
crede na luz,

para serdes Filhos da luz.
Depois de assim falar,
Ieschua retirou-se e se escondeu deles.

37. Embora tivesse feito tantos sinais
na presença deles,
não acreditavam nele.

38. Assim se cumpria a palavra
do profeta Iesha 'Yahu[56]:
*"YHWH, quem deu crédito à vossa palavra?
E o poder de YHWH,
a quem foi revelado?"*

39. Não puderam crer porque
– como tinha dito Iesha 'Yahu:

40. *"Ele cegou os olhos deles
e endureceu-lhes o coração,
para que não vejam com os olhos,
não entendam com o coração,
nem se convertam,
e assim eu não os cure".*

41. Iesha 'Yahu o disse
porque viu sua glória
e falou dele.

42. Não obstante, também muitos dos chefes
creram nele.
No entanto, por causa dos *peruschim*
não se manifestavam,
temendo serem expulsos da sinagoga.

43. É que eles amavam mais a glória que vem dos homens
do que a Glória que vem de Deus.

44. Então, Ieschua falou em voz alta:
Quem crê em mim,

---

56. Cf. nota 8 na p. 35.

não crê em mim,
mas naquele que me enviou.

45. Quem me vê,
vê aquele que me enviou.

46. Eu, a luz,
vim ao mundo,
para que quem crê em mim
não fique na escuridão.

47. Se alguém escuta as minhas palavras
e não as guarda,
eu não o julgarei
porque não vim
para condenar o mundo,
mas para salvá-lo.

48. Quem me rejeita
e não recebe minhas palavras,
já tem quem o julgue:
a palavra que falei
é que o julgará no dia por vir.

49. Porque eu não falei por mim mesmo.
O próprio Pai, que me enviou,
é que me ordenou
o que devo dizer e falar.

50. Eu sei que seu mandamento
é a vida eterna.
Assim, pois, as coisas que falo,
eu as falo conforme me disse o Pai.

13

1. Antes da Festa de Pessah,
Ieschua sabia que tinha chegado a hora
de passar deste mundo para o Pai.

E, tendo amado os seus
que estavam no mundo,
amou-os até o fim.

2. Durante a ceia,
o diabo já tinha posto
no coração de Iehuda, *ben* Shimon,
o homem de Qeriot, o propósito de entregá-lo.

3. Sabendo que o Pai
lhe tinha colocado todas as coisas nas mãos
e que ele tinha saído de YHWH
e para YHWH voltava,

4. Ieschua levanta-se, então, da mesa,
tira o manto e tomando
uma toalha amarrou-a na cintura.

5. Depois derramou água numa bacia
e começou a lavar os pés dos discípulos
e a enxugá-los com a toalha da cintura.

6. Ao chegar a Shimon Petros, este lhe disse:
Senhor, tu me lavas os pés!

7. Ieschua respondeu-lhe:
O que estou fazendo não o entendes
agora.
Mais tarde o compreenderás.

8. Não, jamais me lavarás os pés!
– disse Pedro.
Ieschua respondeu:
Se não te lavar os pés, não terás
parte comigo.

9. Shimon Petros disse:
Então, Senhor, não só os pés,
mas também as mãos e a cabeça.

10. Ieschua lhe disse:
Quem se banhou,
não precisa de se lavar,
pois está todo limpo.
Vós estais limpos, mas nem todos.

11. Ieschua sabia quem havia de entregá-lo.
Por isso, disse: “Vós estais limpos, mas nem todos”.

12. Depois de lavar-lhes os pés,
vestiu o manto,
pôs-se de novo à mesa e perguntou-lhes:
Sabeis o que vos fiz?

13. Vós me chamais Mestre e Senhor
e dizeis a verdade, porque Eu o Sou.

14. Se pois eu, Mestre e Senhor,
vos lavei os pés,
também vós deveis lavar
os pés uns dos outros.

15. Dei-vos o exemplo
para que façais o mesmo
que eu vos fiz.

16. Em verdade, em verdade, eu vos digo
que o escravo não é maior do que o seu senhor,
nem o mensageiro maior do que aquele que o enviou.

17. Se compreenderdes isto, sereis felizes
se o praticardes.

18. Minha palavra não é dirigida a todos vós.
Conheço os que escolhi.
Mas é preciso que se cumpra a palavra da Escritura:
“Aquele que comia o pão comigo
levantou contra mim o calcanhar”.

19. Desde já – eu vo-lo digo –,
antes que aconteça,
para que, quando acontecer,

sejais um com o que
Eu Sou*.

20. Em verdade, em verdade, eu vos digo:
quem recebe aquele que eu enviar
é a mim que recebe.
E quem me recebe
recebe aquele que me enviou.

21. Tendo dito isso, Ieschua
ficou conturbado, em sua respiração,
e afirmou:
Em verdade, em verdade, eu vos digo:
um de vós me entregará.

22. Os discípulos olhavam uns para os outros,
sem saber de quem falava.

23. Um deles,
a quem Ieschua amava,
estava à mesa ao seu lado.

24. Shimon Petros lhe fez um sinal
para que perguntasse de quem estava falando.

25. Inclinando-se sobre o peito
de Ieschua, o discípulo perguntou:
Senhor, quem é?

26. Ieschua respondeu:
É aquele a quem eu der o pedaço de pão
molhado.
E, molhando um pedaço de pão,
deu-o a Iehuda, *ben* Shimon.
o homem de Qeriot.

27. Depois de receber o pão,
Shatan[57] entrou nele.

---

57. *Shatan*-satanás – Literalmente: aquele que cria obstáculos – "que faz cair".

Então, Ieschua lhe disse:
Faze logo o que tens a fazer.

28. Ninguém que estava à mesa entendeu
por que Ieschua disse isso.

29. Alguns pensaram que,
sendo Judas quem tomava conta da bolsa,
Ieschua lhe dissera:
"Compra o que precisamos para a festa",
ou que lhe pedisse
para dar alguma coisa aos pobres.

30. Quanto a Iehuda,
pegou o pedaço de pão
e saiu imediatamente.
Era noite.

31. Assim que Iehuda saiu,
Ieschua tomou a palavra:
Agora, o Filho do Homem foi glorificado
e YHWH nele.

32. Se YHWH foi glorificado nele,
também YHWH o glorificará em si mesmo
e o glorificará em breve.

33. Filhinhos,
só por pouco tempo estarei convosco.
Vós me procurareis...
e eu vos digo, agora,
o que já disse aos *iehudim*:
para onde eu vou,
vós não podeis ir.

34. Eu vos proponho uma nova experiência:
"Amai-vos uns aos outros.
Assim como eu vos amo, amai-vos também uns aos outros".

35. Todos saberão que sois
meus discípulos pelo seguinte:
por esse "ágape" que tereis
uns pelos outros.

36. Shimon Petros lhe disse:
Senhor, para onde vais?
Para onde vou, não podes seguir-me agora
– respondeu Ieschua.
Tu me seguirás, mais tarde.

37. Petros lhe disse:
Senhor, por que não te posso seguir
agora?
Darei a minha vida por ti.

38. Ieschua respondeu:
Darás tua vida por mim?
Em verdade, em verdade, eu te digo:
antes que o galo cante,
tu me negarás três vezes.

14

1. Não se perturbe o vosso coração.
Credes em YHWH
e sede um comigo.

2. Na casa de meu Pai
há muitas moradas.
Se não fosse assim, eu vos teria dito,
pois eu vou preparar-vos um lugar.

3. Quando tiver ido e tiver preparado um lugar para vós,
voltarei e vos levarei comigo
para que, onde "eu estiver"*,
"estejais" também vós.

* No original, "Je Suis"* = "Eu Sou"* [N.T.].

4. E vós conheceis o caminho
para onde vou.
5. Tomé disse-lhe:
Senhor, não sabemos para onde vais,
como podemos conhecer o caminho?
6. Ieschua respondeu:
Eu sou o caminho,
a verdade
e a vida.
Ninguém vai ao Pai,
senão por mim.
7. Se me conhecêsseis,
conheceríeis também o meu Pai.
Desde agora, o conheceis
e o tendes visto.
8. Philippos disse-lhe:
Senhor, mostra-nos o Pai
e isto nos basta.
9. Ieschua lhe disse:
Há tanto tempo que estou convosco
e ainda não me conheces, Philippos?
Quem me vê, vê o Pai.
10. Não estás seguro da verdade:
Eu estou no Pai
e o Pai está em mim?
As palavras que vos digo,
não as digo por mim mesmo.
O Pai que habita em mim
é que realiza suas obras.
11. Ficai seguros da verdade
do que vos digo:
Eu estou no Pai
e o Pai em mim.

Crede, ao menos,
por causa dessas obras!

12. Em verdade, em verdade, eu vos digo:
quem crê em mim
fará também
as obras que eu faço.
E fará maiores ainda do que essas,
porque eu vou para o Pai.

13. O que pedirdes em meu nome
eu o farei,
para que o Pai seja glorificado no Filho.

14. Se pedirdes alguma coisa em meu nome,
eu o farei.

15. Se me amais, guardareis meus mandamentos.

16. Eu pedirei ao Pai,
e ele vos dará outro apoio,
que estará convosco para sempre.

17. O Sopro da verdade[58],
que o mundo não pode receber
porque não o vê,
nem o deseja conhecer.
Vós o conheceis
porque permanece convosco
e está em vós.

18. Não vos deixarei órfãos.
Voltarei para vós.

19. Dentro de pouco tempo,
o mundo não me verá mais.
Vós, porém, me vereis
porque eu vivo
e vós vivereis.

---

58. *Pneuma tes aletheias.*

20. Naquele dia, sabereis
que eu estou no Pai,
vós em mim
e Eu em vós.

21. Quem recebe os meus mandamentos
e os observa,
esse é que me ama de verdade.
E quem me ama
será amado por meu Pai.
Eu também o amarei
e me revelarei a ele.

22. Iehuda, não o homem de Qeriot,
perguntou-lhe:
Senhor, por que razão
te manifestarás a nós
e não ao mundo?

23. Ieschua lhe respondeu:
Se alguém me ama,
guardará minha palavra;
meu Pai o amará,
viremos a ele
e nele faremos morada.

24. Aquele que não me ama
não guarda as minhas palavras.
A palavra que estais ouvindo
não é minha,
mas a palavra daquele que me enviou.

25. Disse-vos estas coisas
enquanto estou convosco.

26. Mas o vosso defensor,
o Sopro Santo (o *Pneuma*)
que o Pai enviará em meu nome,

ele vos ensinará tudo
e vos trará à memória
tudo quanto eu vos disse.

27. Deixo-vos a paz,
eu vos dou a minha paz.
Não como o mundo dá,
eu vo-la dou.
Que vosso coração deixe de perturbar-se
e de intimidar-se.

28. Ouvistes que eu vos disse:
Eu vou,
mas volto para vós.
Se me amásseis,
certamente haveríeis de alegrar-vos
porque eu vou para junto do Pai,
e o Pai é maior do que eu.

29. Disse-vos agora estas coisas
antes que aconteçam,
para que, quando acontecerem,
estejais seguros da verdade que está em mim.

30. Já não falarei muito convosco
porque vem o Príncipe do mundo.
Ele não tem nenhum poder sobre mim.
Mas o mundo deve saber
que eu amo o Pai
e faço como o Pai me ordenou.

31. Levantai-vos e vamos embora daqui.

15

1. Eu Sou* a videira verdadeira
e meu Pai é o agricultor.

2. Ele corta
todo ramo que em mim
não dá fruto,
e poda
todo aquele que dá fruto,
para que produza mais.

3. Vós já estais limpos
por causa da palavra
que vos tenho anunciado.

4. Permanecei em mim
como eu permaneço em vós.
Do mesmo modo que,
por si mesmo,
o ramo não pode dar fruto,
assim também vós,
se não permanecerdes em mim.

5. Eu sou a videira,
vós os ramos.
Quem permanece em mim,
como eu nele,
dá muito fruto;
porque, sem mim, nada podeis fazer.

6. Se alguém não permanecer em mim,
será lançado fora como o ramo
e secará;
será ajuntado,
jogado no fogo
e queimado.

7. Se permanecerdes em mim
e minhas palavras permanecerem em vós,
pedireis tudo o que quiserdes,
e vos será dado.

8. Meu Pai será glorificado,
se derdes muito fruto
e vos tornardes meus discípulos.

9. Como o Pai me ama,
assim também eu vos amo.
Permanecei no meu amor.

10. Se guardardes os meus mandamentos,
permanecereis no meu amor,
como eu também guardo os mandamentos
de meu Pai
e permaneço no seu amor.

11. Disse-vos estas coisas
para que minha alegria esteja convosco,
e a vossa alegria seja completa.

12. Este é o meu mandamento:
"Amai-vos uns aos outros
como eu vos amei".

13. Ninguém tem maior amor
do que aquele que dá a vida por seus amigos.

14. Vós sois meus amigos, se fizerdes
o que vos mando.

15. Já não vos chamo escravos,
porque o escravo não sabe
o que faz o Senhor.
Eu vos chamo amigos
porque vos dei a conhecer
tudo o que ouvi de meu Pai.

16. Não fostes vós que me escolhestes,
mas fui eu que vos escolhi.
Eu vos destinei
para irdes dar fruto
e para que vosso fruto permaneça,
a fim de que o Pai vos dê
tudo o que lhe pedirdes em meu nome.

17. É isto que eu vos mando:
que vos ameis uns aos outros.

18. Se o mundo vos odeia,
sabei que antes odiou a mim.

19. Se fôsseis do mundo,
o mundo vos amaria como algo seu.
Como não sois do mundo,
minha escolha vos libertou do mundo,
por isso o mundo vos odeia.

20. Lembrai-vos da palavra que eu vos disse:
"o escravo não é maior
do que o senhor".
Se perseguiram a mim,
também hão de perseguir a vós.
Se guardaram a minha palavra,
hão de guardar também a vossa.

21. Mas tudo isso vos farão
por causa de meu nome,
porque não conhecem quem me enviou.

22. Se eu não tivesse vindo
nem falado a eles,
não teriam pecado.
Agora, porém, não há desculpa
para o pecado deles.

23. Quem me odeia,
odeia também meu Pai.

24. Se eu não tivesse feito entre eles
obras como nenhum outro fez,
não teriam pecado.
Mas, agora, já as viram
e, apesar disso, odiaram a mim e a meu Pai.

25. Isso, porém, foi para que se cumprisse a palavra
das Escrituras:
"Odiaram-me sem motivo".

26. Quando vier o Defensor,
que eu vos enviarei da parte do Pai,

o Sopro da verdade
que procede do Pai,
ele dará testemunho de mim.

27. E vós também dareis testemunho
porque, desde o princípio,
estais comigo.

16

1. Disse-vos estas coisas
para vos preservar de alguma queda.

2. Vão expulsar-vos da comunidade,
e virá a hora
em que qualquer um que vos tirar a vida
julgará estar prestando um serviço a Deus!

3. Farão isso
porque não conheceram o Pai, nem a mim.

4. Eu vos disse estas coisas
para que, ao chegar a hora,
vos lembreis delas
porque eu vos adverti.
Não vos disse isso,
desde o princípio,
porque eu estava convosco.

5. Agora, porém, vou para aquele que me enviou,
e ninguém de vós me pergunta:
para onde vais?

6. Mas, porque vos falei estas coisas,
vosso coração encheu-se de tristeza.

7. No entanto, eu vos digo a verdade:
convém a vós
que eu vá.

Pois, se eu não for,
o Defensor não virá a vós.
Mas, se eu for,
eu o enviarei a vós.

8. Quando ele vier,
irá desvelar o que é o mundo
e mostrará que há pecado,
justiça
e julgamento.

9. Mostrará o que é pecado, porque não creram em mim;

10. o que é justiça, porque vou para o Pai
e já não me vereis;

11. o que é julgamento, porque o Príncipe deste mundo já está condenado.

12. Muitas coisas ainda tenho para dizer-vos,
mas não as podeis compreender, agora.

13. Quando vier o Espírito da verdade,
ele vos guiará em toda a verdade,
porque não falará de si mesmo,
mas do que ouvir,
e vos anunciará as coisas futuras.

14. Ele me glorificará
porque receberá do meu ser
e vos anunciará.

15. Tudo que o Pai tem
é também meu.
É por isso que eu vos disse:
"Receberá do meu ser
e vos anunciará".

16. "Ainda um pouco de tempo e não me vereis;
mais um pouco de tempo e me tornareis a ver"

17. Alguns dos discípulos
se perguntaram:
O que é isso que ele nos diz:
"Ainda um pouco de tempo e não me vereis;
mais um pouco de tempo e me tornareis a ver"?
E também o que significa: "Eu vou para o Pai"?

18. Diziam ainda:
O que significa este "um pouco de tempo" de que fala?
Não sabemos o que ele quer dizer.

19. Ieschua sabia
o que eles queriam perguntar
e lhes disse:
Perguntais entre vós
o que pretendi dizer com estas palavras:
"Ainda um pouco de tempo e não me vereis;
mais um pouco de tempo e me tornareis a ver".

20. Em verdade, em verdade, eu vos digo:
chorareis e vos lamentareis,
mas o mundo se alegrará.
Ficareis tristes,
mas vossa tristeza se transformará em alegria.

21. Quando a mulher está para dar à luz,
fica triste
porque chegou a sua hora.
Mas depois que nasceu a criança,
já não se lembra da aflição,
pela alegria
que sente de ter vindo um homem ao mundo.

22. Assim também, agora,
vós estais tristes,
mas eu vos verei de novo.
Então, o vosso coração se alegrará
e ninguém poderá tirar-vos
a alegria.

23. Naquele dia,
não me perguntareis mais nada.
Em verdade, em verdade, eu vos digo:
se pedirdes ao Pai alguma coisa em meu nome,
ele vos dará...

24. Até agora, nada pedistes
em meu nome.
Pedi e recebereis,
para que a vossa alegria seja completa.

25. Eu vos disse estas coisas por meio de figuras.
Vem a hora
em que já não vos falarei por meio de figuras,
mas falarei claramente do Pai.

26. Naquele dia,
pedireis em meu nome,
e não vos digo que eu rogarei ao Pai em vosso favor;

27. pois o próprio Pai vos ama,
porque me amais
e acreditais
que eu saí de junto de Deus.

28. Saí do Pai
e vim ao mundo.
Agora deixo o mundo
e volto para junto do Pai.

29. Os discípulos lhe disseram:
Agora, falas claramente e já não usas figuras.

30. Agora, sabemos
que conheces todas as coisas
e não precisas que ninguém te pergunte.
Por isso, cremos que saíste de Deus.

31. Ieschua respondeu-lhes:
Credes, agora?

32. Pois está chegando a hora,
e ela já veio,

em que vos dispersareis,
cada um para seu lado,
e me deixareis sozinho.
Mas, eu não estou sozinho,
porque o Pai está comigo.

33. Disse-vos estas coisas
para que tenhais paz em mim.
No mundo, tereis aflições.
Mas tende confiança:
Eu venci o mundo.

17

1. Tendo dito essas coisas,
Ieschua levantou os olhos para o céu,
e fez a seguinte prece:
Pai, é chegada a hora.
Glorifica teu Filho,
para que teu Filho te glorifique.

2. Pois lhe conferiste poder
sobre toda criatura humana,
para que dê a vida eterna
a todos aqueles que lhe confiaste.

3. Ora, a vida eterna
consiste em que conheçam a ti,
único Deus verdadeiro,
e aquele que enviaste,
Ieschua, o Messias.

4. Eu te glorifiquei na terra.
Terminei a obra
que me deste para fazer.

5. E agora, Pai, glorifica-me junto a ti,
com a glória que tive contigo
antes que o mundo fosse criado.

6. Revelei teu nome aos homens
que tiraste do mundo para que me fossem dados.
Eram teus
e tu os deste a mim;
eles guardaram a tua palavra.

7. Agora, reconhecem
que todas as coisas que me deste
procedem de ti.

8. Eu lhes transmiti as palavras
que me confiaste
e eles reconheceram de verdade
que eu saí de junto de ti
e creram verdadeiramente
que me enviaste.

9. Por eles é que eu rogo.
Não rogo pelo mundo,
mas pelos que me deste,
porque são teus.

10. Pois tudo o que é meu é teu,
e tudo o que é teu é meu.
Neles sou glorificado.

11. Já não estou no mundo,
mas eles estão no mundo,
enquanto eu vou para junto de ti.
Pai santo,
guarda em teu nome
aqueles que me deste,
para que sejam um,
como nós somos um.

12. Enquanto estava com eles,
eu conservava em teu nome
aqueles que me deste.

Guardei-os
e nenhum deles se perdeu,
a não ser o filho da perdição,
para que se cumprisse a Escritura.

13. Mas, agora, vou para junto de ti,
e falo estas coisas presente
no mundo
para que eles compartilhem
de minha alegria
em plenitude.

14. Dei-lhes a tua palavra,
e o mundo os odiou
porque não são do mundo,
como também eu não sou do mundo.

15. Não estou pedindo
que os tires do mundo,
mas que os guardes do mal.

16. Eles não são do mundo,
como eu também não sou do mundo.

17. Consagra-os na verdade:
a tua palavra é verdade.

18. Assim como tu me enviaste ao mundo,
também eu os enviei ao mundo.

19. Em favor deles, eu mesmo me consagro,
para que também eles sejam consagrados
e santificados na verdade.

20. Não rogo apenas por eles,
mas por todos aqueles que,
pela sua palavra,
acreditarem em mim.

21. Que todos sejam um
como tu, Pai, estás em mim

e eu em ti,
para que eles sejam um em nós,
a fim de que o mundo creia
que tu me enviaste
e que os amei
como tu me amaste.

22. Dei-lhes a glória
que tu me deste,
a fim de que sejam um
como nós somos um.

23. Eu neles e tu em mim,
para que sejam perfeitamente um,
e o mundo conheça
que tu me enviaste
e que os amei,
como tu me amaste.

24. Pai,
quero que os que me deste
estejam também comigo
onde eu estiver*,
para que vejam a glória
que me deste,
porque me amaste
antes da criação do mundo.

25. Pai justo,
mesmo se o mundo não te conheceu,
eu te conheci,
e estes reconheceram
que tu me enviaste.

26. Eu lhes fiz conhecer o teu nome
e ainda o farei conhecido,

---

* No original, *Je Suis** = Eu Sou* [N.T.].

para que o amor com que me amaste
esteja neles,
e eu neles.

18

1. Tendo orado assim,
Ieschua saiu com os discípulos
para o outro lado da torrente do Qidron.
Ali havia um jardim,
onde ele entrou
com os discípulos.

2. Iehuda, que havia de traí-lo,
também conhecia o lugar,
porque muitas vezes Ieschua
se reunia lá com os discípulos.

3. Iehuda pôs-se à frente
de um pelotão de soldados e de alguns guardas
cedidos pelos sumos sacerdotes
e pelos *peruschim*,
e dirigiu-se para lá com armas
e segurando lanternas e tochas.

4. Ciente de tudo o que lhe ia acontecer,
Ieschua foi ao encontro deles e perguntou:
A quem procurais?

5. Eles responderam:
A Ieschua, o Nazareno.
Ele disse:
Sou Eu*.

6. Quando Ieschua disse:
"Sou Eu",
eles recuaram e caíram por terra.

7. Perguntou-lhes pela segunda vez:
A quem procurais?
Eles responderam:
A Ieschua, o Nazareno.

8. Já vos disse: "Sou Eu".
Se é a mim que procurais,
deixai que estes se retirem.

9. (Assim devia cumprir-se a palavra
que ele havia dito: "Ninguém se perdeu
daqueles que me deste!").

10. Shimon Petros, que tinha uma espada,
puxou-a
e feriu o escravo do sumo sacerdote,
decepando-lhe a orelha direita.
O escravo se chamava Malkos.

11. Ieschua, porém, disse a Petros:
Põe a espada na bainha.
Será que não devo beber
o cálice que o Pai me deu?

12. Então, o pelotão de soldados,
o comandante e os guardas dos *iehudim*
prenderam Ieschua e o amarraram.

13. Conduziram-no, primeiro,
a Hanan,
por ser sogro de Caiapha,
sumo sacerdote daquele ano.

14. Caiapha foi quem tinha
aconselhado os *iehudim*:
É melhor que um só homem morra
pelo povo.

15. Shimon Petros e outro discípulo
acompanhavam Ieschua.

Este outro discípulo era conhecido do sumo sacerdote
e entrou com Ieschua no pátio.

16. Mas, Petros ficou fora,
perto da porta. Saiu, então, o discípulo
conhecido do sumo sacerdote,
falou com a porteira
e fez entrar Pedro.

17. A criada que tomava conta da porta perguntou a Petros:
Não és também tu um discípulo deste homem?
Ele respondeu:
Não sou.

18. Os escravos e os guardas
estavam se aquecendo, no pátio,
à volta de uma fogueira
por causa do frio.
Petros também estava com eles,
aquecendo-se.

19. O sumo sacerdote perguntou a Ieschua
sobre os discípulos e sua doutrina.

20. Ieschua lhe respondeu:
Falei publicamente ao mundo.
Eu sempre ensinei na sinagoga
ou no santuário,
onde se reúnem todos os *iehudim*.
Nada falei escondido.

21. Por que me interrogais?
Perguntai aos que me ouviram
o que foi que lhes ensinei;
eles devem saber do que lhes falei.

22. A estas palavras, um dos guardas
a seu lado deu uma bofetada a Ieschua e disse:
É assim que respondes ao sumo sacerdote?

23. Ieschua respondeu:
Se falei mal,

mostra-me em quê;
mas se falei bem,
por que me bates?

24. Então, Hanan mandou Ieschua amarrado
a Caiapha, o sumo sacerdote.

25. Shimon Petros estava no pátio, aquecendo-se.
Perguntaram-lhe:
Não és também tu um discípulo dele?
Ele negou:
Não sou.

26. Um empregado do sumo sacerdote,
parente daquele de quem Petros
tinha cortado a orelha, disse:
Eu não te vi com ele no jardim?

27. Petros negou outra vez,
e logo o galo cantou.

28. Da casa de Caiapha,
levaram Ieschua para o pretório.
Era de manhã.
Os *iehudim* não entraram no pretório
para não se contaminarem
e, assim, poderem comer o cordeiro pascal.

29. Pilatus saiu para fora e lhes perguntou:
Que acusação trazeis
contra este homem?

30. Em resposta, disseram:
Se este homem não fosse malfeitor,
não o teríamos entregue a ti.

31. Pilatus disse-lhes:
Tomai-o vós e julgai-o
segundo a vossa lei.
Os *iehudim* responderam:

Não nos é permitido
matar ninguém.

32. E isso foi, assim, para cumprir-se a palavra
que Ieschua havia dito para indicar
de que morte devia morrer.

33. Pilatus tornou a entrar no pretório,
chamou Ieschua e lhe perguntou:
És tu o rei dos *iehudim*?

34. Ieschua respondeu:
Perguntas por ti mesmo
ou foram os outros que te disseram isto de mim?

35. Pilatus disse:
Por acaso eu sou um *iehudim*?
A tua nação e os sumos sacerdotes
te entregaram a mim:
o que fizeste?

36. Ieschua respondeu:
Meu Reino não é deste mundo.
Se fosse deste mundo,
os meus guardas teriam lutado
para que eu não fosse entregue aos *iehudim*.
Mas o meu Reino não é daqui.

37. Pilatus disse-lhe, então:
Logo, tu és rei?
Ieschua respondeu:
Tu o dizes: Eu Sou[59] rei.
Para isso nasci e para isso vim ao mundo:
para dar testemunho da verdade.
Todo aquele que é da verdade
ouve a minha voz.

---

59. *Basileus eimi.*

38. Pilatus perguntou:
O que é a verdade?...
Dito isto, Pilatus saiu de novo
ao encontro dos *iehudim* e lhes disse:
Não encontro nele
nenhum motivo de condenação.

39. Entretanto, há um costume entre vós que eu vos solte
um preso por ocasião da Pessah.
Quereis que vos solte o rei dos *iehudim*?

40. Então, gritaram novamente:
Não este, e sim Bar Abba!
Bar Abba era um assaltante.

19

1. Pilatus mandou, então,
flagelar Ieschua.

2. Os soldados teceram uma coroa
de espinhos, que puseram em sua cabeça,
e cobriram-no com um manto
de púrpura.

3. Aproximavam-se dele e diziam:
Shalom, rei dos *iehudim*,
e lhe davam bofetadas.

4. Pilatus saiu mais uma vez
e lhes disse:
Vede!
Não encontro nele
nenhum motivo de condenação!

5. Apareceu, então, Ieschua
trazendo a coroa de espinhos
e o manto de púrpura.

Pilatus disse:
Eis o Homem[60].

6. Quando o viram, os sumos sacerdotes
e os guardas gritaram:
Crucifica-o, crucifica-o!
Pilatus lhes disse:
Tomai-o vós e crucificai-o,
pois não encontro nele
nenhum motivo de condenação.

7. Os *iehudim* responderam:
Nós temos a Thora, e, segundo a Thora,
ele deve morrer
porque pretende ser Filho de Deus.

8. Ao ouvir essas palavras,
Pilatus ficou com mais medo ainda.

9. Entrou novamente no pretório
e perguntou a Ieschua:
Donde és tu?
Ieschua não lhe deu resposta.

10. Disse-lhe, então, Pilatus:
Tu não me respondes?
Não sabes que tenho poder
para te soltar e poder
para te crucificar?

11. Ieschua lhe respondeu:
Não terias nenhum poder sobre mim
se não te fosse dado do alto...
Por isso, quem me entregou a ti
tem pecado maior.

---

60. *Anthropos.*

12. Desde então, Pilatus procurava soltá-lo.
Mas os *iehudim* gritavam:
Se o soltas,
não és amigo de César,
porque quem se faz rei se declara contra César.

13. Quando Pilatus ouviu essas palavras, trouxe Ieschua para fora
e sentou-se no tribunal,
no lugar chamado, em grego, *lithostrotes*,
e em hebraico *gabata*[61].

14. Era véspera da Pessah,
por volta da sexta hora*.
Pilatus disse aos *iehudim*:
Aqui está o vosso rei.

15. Mas eles gritaram:
Fora com ele!
Crucifica-o!
Pilatus perguntou:
Vou crucificar o vosso rei?
Os sumos sacerdotes responderam:
Nós não temos outro rei senão César.

16. Então, Pilatus entregou-lhes Ieschua
para que ele fosse crucificado.

17. Levaram-no, então, consigo.
Ieschua saiu da cidade carregando a cruz
para o lugar chamado "caveira",
em hebraico *golgotha*.

18. Ali, crucificaram-no,
juntamente com outros dois condenados,
um de cada lado
e Ieschua no meio.

---

61. Pavimento de pedra.

* Meio-dia [N.T.].

19. Pilatus mandou escrever um letreiro
e colocá-lo no alto da cruz.
Estava escrito: "Ieschua *ha-notzeri – Rei* dos *iehudim*"[62].

20. Muitos habitantes da Judeia
leram o letreiro,
porque o lugar onde Ieschua
foi crucificado ficava perto da cidade,
e o letreiro estava escrito em hebraico, latim e grego.

21. Os sumos sacerdotes dos *iehudim*
disseram a Pilatus:
Não deves escrever: "Rei dos *iehudim*".

22. Pilatus respondeu:
O que escrevi, está escrito.

23. Depois de crucificar Ieschua,
os soldados tomaram as vestes dele
e dividiram-nas em quatro partes, uma para cada um.
Tomaram também a túnica;
era uma túnica sem costura,
tecida toda
de alto a baixo[63].

24. Os soldados disseram uns aos outros:
Não vamos rasgá-la,
mas lançar a sorte para ver de quem será.
Assim, cumpriu-se a Escritura:
"Repartiram entre si minhas vestes
e sobre a túnica lançaram a sorte".
Foi o que os soldados fizeram.

25. Junto à cruz de Ieschua
estavam de pé sua mãe,

---

62. Hebraico: *Ieschua ha-notzeri melek ha-iehudim.*
Grego: *Iesus ho mazoraios ho basileus ton iudaion.*
Latim: *Iesus nazareus rex iudaeorum.*

63. Segundo o historiador Josefo, tal era a veste do sumo sacerdote.

Miryam, mulher de Clopos,
e Miryam de Mágdala.

26. Vendo a mãe
e, perto dela, o discípulo a quem amava,
Ieschua disse para a mãe:
Mulher, aí está o teu filho.

27. Depois disse para o discípulo:
Aí está a tua mãe.
E desde aquela hora,
o discípulo tomou-a sob seus cuidados.

28. Em seguida, sabendo que tudo estava consumado
e para se cumprir plenamente as Escrituras,
Ieschua disse:
Tenho sede.

29. Havia ali um vaso cheio de vinagre.
Os soldados fixaram uma esponja embebida em vinagre
numa vara de hissopo
e ergueram-na até os lábios de Ieschua.

30. Depois de provar o vinagre,
Ieschua disse:
Tudo está consumado.
E, inclinando a cabeça,
entregou seu Sopro[64].

31. Os *iehudim* pediram a Pilatus
que quebrassem as pernas dos crucificados e fossem retirados.
Assim o fizeram porque já era tarde, na véspera de Pessah,
e não queriam que os corpos
ficassem na cruz durante o *Shabbat*,
por ser aquele *Shabbat* particularmente solene.

---

64. Grego: *paredoken te pneuma* = dar, transmitir o sopro.
Latim: *tradidit spiritum* – tradução habitual: "entregou seu espírito".

32. Os soldados vieram
e quebraram as pernas do primeiro condenado
e do outro que tinham sido crucificados
com ele.

33. Quando chegaram, porém, a Ieschua e viram que estava morto,
não lhe quebraram as pernas,

34. mas um dos soldados traspassou-lhe o lado
com uma lança, e logo saiu
sangue e água.

35. Quem o viu
dá testemunho do que viu,
e o seu testemunho é digno de fé.
Sabe que diz a verdade, para que também vós creiais.

36. Assim aconteceu
para que se cumprisse a Escritura:
"Não lhe quebrareis osso algum".

37. E outra Escritura diz também:
"Olharão para aquele a quem traspassaram".

38. Depois disso, Iosseph de Ramataim,
que era discípulo de Ieschua,
(embora em segredo porque tinha medo dos *iehudim*),
pediu a Pilatus que lhe permitisse
retirar o corpo de Ieschua.
Pilatus lhe permitiu.
Então, ele veio e retirou o corpo.

39. Chegou também Naqdimon,
(o mesmo que, anteriormente, tinha ido encontrar-se com Ieschua de noite),
e trouxe umas cem libras*
de uma mistura de mirra e aloés.

---

* Cerca de trinta quilos [N.T.].

40. Eles tiraram o corpo de Ieschua
e o envolveram em faixas de linho[65]
com aromas[66],
conforme é o costume de sepultar entre os *iehudim*.

41. No local onde Ieschua tinha sido crucificado
havia um jardim,
e no jardim um sepulcro novo,
onde ninguém ainda tinha sido depositado.

42. Como o sepulcro estivesse próximo
e ia começar a festa de Pessah,
foi ali que puseram Ieschua.

20

1. No primeiro dia após o *Shabbat*,
Miryam de Mágdala
veio ao sepulcro bem de madrugada,
quando ainda estava escuro,
e viu que a pedra
tinha sido removida do sepulcro.

2. Então, foi correndo até onde estava Shimon Petros
e o outro discípulo
a quem Ieschua amava,
e disse-lhes:
Tiraram o Senhor do sepulcro
e não sabemos onde o puseram.

3. Petros saiu com o outro discípulo
e foram ao sepulcro.

---

65. *Sadin* (H) – *othomia* (G) – túnica de linho.

66. *Besamin* (H) – *aromata* (G) – bálsamo.

4. Corriam juntos,
mas o outro discípulo correu mais depressa
do que Petros e chegou
primeiro.

5. Inclinando-se, viu a túnica de linho
no seu lugar, mas não entrou.

6. Depois chegou Shimon Petros
que entrou no sepulcro
e viu a túnica de linho
no seu lugar,

7. assim como o sudário que tinha estado sobre o rosto de Ieschua.
O sudário não estava com a túnica de linho,
mas enrolado num lugar à parte.

8. O outro discípulo,
que tinha chegado primeiro, entrou também:
viu e creu.

9. De fato, eles ainda não se haviam dado conta
da Escritura, segundo a qual
era preciso que Ieschua ressuscitasse dos mortos.

10. A seguir, os discípulos voltaram para casa.

11. Miryam tinha ficado do lado de fora,
chorando junto ao sepulcro.
Chorando muito,
inclina-se para o sepulcro

12. e vê dois anjos, vestidos de branco,
sentados no lugar onde estivera o corpo de Ieschua,
um à cabeceira e outro aos pés.

13. Eles perguntaram:
Mulher, por que choras?
Ela respondeu:
Porque levaram o Senhor
e não sei onde o puseram.

14. Depois de dizer isso,
ela vira-se para trás
e vê alguém que está ali,
mas não reconhece que é Ieschua.

15. Ele perguntou-lhe:
Mulher, por que choras?
A quem procuras?
Crendo que era o jardineiro, ela disse:
Senhor, se foste tu que o levaste,
dize-me onde o puseste e eu irei buscá-lo.

16. Respondeu Ieschua:
Miryam.
Ela o reconheceu e disse-lhe em hebraico:
"*Rabuni*"
– que quer dizer "meu Mestre".

17. Ieschua disse:
Não me retenhas
porque ainda não subi ao Pai.
Vai aos meus irmãos
e dize-lhes:
"Subo para meu Pai
e vosso Pai,
para meu Deus
e vosso Deus".

18. Miryam de Mágdala
foi anunciar aos discípulos:
Vi o Senhor
e eis o que ele me disse.

19. Na tarde do mesmo dia,
que era o primeiro depois do *Shabbat*,
estando trancadas as portas do lugar onde estavam os discípulos,
por medo dos *iehudim*,
Ieschua chegou, pôs-se no meio deles

e disse:
Shalom – a paz esteja convosco!

20. Dito isto, mostrou-lhes as mãos e o lado.
Os discípulos se alegraram
ao ver o Senhor.

21. Ieschua disse-lhes de novo:
Shalom – a paz esteja convosco!
Como o Pai me enviou,
assim também eu vos envio.

22. Após essas palavras, soprou sobre eles
e disse:
Recebei o Espírito Santo[67].

23. A quem perdoardes os pecados
serão perdoados.
A quem não perdoardes os pecados
não serão perdoados.

24. Tomé, um dos doze,
chamado "gêmeo – *didymos*",
não estava com eles quando Ieschua veio.

25. Os outros discípulos lhe disseram:
Vimos o Senhor.
Mas ele respondeu:
Se eu não vir nas mãos os sinais dos cravos
e não puser minha mão no seu lado,
não acreditarei.

26. Oito dias depois,
os discípulos estavam outra vez
no mesmo lugar,
e Tomé com eles.
Ieschua entrou com as portas fechadas,

---

67. *Pneuma agion* (G) – *spiritum sanctum* (L) = sopro sagrado/santo – tradução habitual: Espírito Santo.

pôs-se no meio deles e disse:
Shalom – a paz esteja convosco!

27. Depois, disse a Tomé:
Põe aqui o dedo e olha minhas mãos,
estende a mão
e põe no meu lado,
e não sejas incrédulo,
mas homem de fé.

28. Tomé respondeu-lhe:
Meu Senhor e meu Deus.

29. Ieschua lhe disse:
Porque me vês,
acreditas.
Felizes os que hão de crer
sem terem visto.

30. Ieschua ainda fez muitos outros sinais
na presença dos discípulos,
mas não foram escritos neste livro.

31. Estes, porém, foram escritos
para que creiais que Ieschua é o Messias,
o Filho de Deus,
e para que, crendo,
tenhais a vida em seu nome.

21

1. Depois disso, Ieschua tornou a mostrar-se
aos discípulos junto ao Mar de Tiberíades.
E apareceu assim:

2. Estavam juntos
Shimon Petros, Tomé, chamado "o gêmeo",
Natanael de Qanah da Galileia,
os *Ben* Zabdi (filhos de Zebedeu)
e outros dois discípulos.

3. Shimon Petros disse:
Eu vou pescar.
Os outros disseram:
Nós também vamos contigo.
Eles saíram e entraram no barco,
mas naquela noite não pescaram nada.

4. Chegada a manhã,
Ieschua estava na praia,
mas os discípulos não o reconheceram.

5. Ieschua perguntou:
Moços, tendes alguma coisa
para comer?
Eles responderam:
Não.

6. Ieschua lhes disse:
Lançai a rede à direita do barco
e achareis.
Lançaram pois a rede,
e foi tão grande a quantidade de peixes
que não podiam arrastá-la.

7. O discípulo a quem Ieschua amava
disse então a Petros:
É o Senhor.
Assim que ouviu as palavras "É o Senhor",
Shimon Petros vestiu a roupa
– pois estava nu –
e se jogou na água.

8. Os outros discípulos
vieram de barco
– pois não estavam distantes da margem senão duzentos côvados* –,
puxando a rede com os peixes.

---

* Uns cem metros [N.T.].

9. Assim que desceram à terra,
viram brasas acesas
e um peixe sobre elas e pão.

10. Ieschua lhes disse:
Trazei alguns dos peixes que apanhastes agora.

11. Shimon Petros subiu ao barco
e arrastou a rede para a terra
com cento e cinquenta e três grandes peixes!
Apesar de serem tantos, a rede não se rompeu.

12. Ieschua lhes disse:
Vinde comer.
Nenhum dos discípulos
se atreveu a perguntar-lhe:
Quem és tu?
sabendo que era o Senhor.

13. Ieschua aproximou-se, tomou o pão e deu para eles,
e também o peixe.

14. Esta foi a terceira vez que Ieschua
apareceu aos discípulos,
depois de sua ressurreição dos mortos.

15. Quando acabaram de comer,
Ieschua disse a Shimon Petros:
Shimon, filho de Iohanan, tu me amas (*agapé*)[68]
mais do que estes?
Ele respondeu:
Sim, Senhor, tu sabes toda a amizade (*phileo*)[69]
que tenho por ti.
Ieschua disse:
Sê o pastor de meus cordeiros.

---

68. *Agapé* = amor superabundante, gratuito.

69. *Phileo* = amor de amizade.

16. Ieschua perguntou pela segunda vez:
Shimon, filho de Iohanan, tu me amas (*agapé*)?
Petros respondeu:
Sim, Senhor, tu sabes bem toda a amizade (*phileo*)
que tenho por ti.
Ieschua lhe disse:
Sê o pastor de meus cordeiros.

17. Pela terceira vez Ieschua perguntou:
Shimon, filho de Iohanan, tens amizade (*phileo*)
por mim?
Petros ficou triste por lhe ter perguntado
três vezes "tu me amas" (*phileo*)
e respondeu:
Senhor, tu sabes tudo,
sabes que eu te amo (*phileo*).
Disse-lhe Ieschua:
Sê o pastor de meus cordeiros.

18. Em verdade, em verdade, eu te digo:
quando eras jovem,
tu te vestias
para ir aonde querias.
Quando envelheceres,
estenderás as mãos
e será outro que te colocará o cinto
e te levará para onde não queres.

19. Disse isso
para indicar com que morte
Petros haveria de glorificar a Deus.
Dito isto, acrescentou:
Segue-me.

20. Petros voltou-se
e viu atrás de si o discípulo
a quem Ieschua amava,
aquele que, na ceia, tinha-se inclinado

no peito de Ieschua e lhe tinha perguntado:
Senhor, quem é que te vai entregar?

21. Vendo-o, Petros perguntou a Ieschua:
Senhor, e este? Que será dele?

22. Ieschua respondeu:
O que te importa
se eu quero que ele fique
até que eu volte?
Quanto a ti, segue-me.

23. Por isso, espalhou-se
entre os irmãos o boato de que aquele discípulo não morreria.
Mas, Ieschua não havia dito a Petros:
"Não morrerá", e sim:
"O que te importa
se eu quero que ele fique até que eu volte?"

24. Este é o discípulo que dá testemunho destas coisas
e as escreveu.
E sabemos que o seu testemunho é verdadeiro.

25. Ieschua fez ainda
muitas outras coisas.
Se fossem escritas uma por uma,
nem o mundo inteiro
poderia conter os livros
que se deveriam escrever.

Comentário do prólogo

O Prólogo de São João é "o mais belo dos hinos" cristãos.

Na Igreja antiga, o simples fato de lê-lo ou cantá-lo purificava o coração e a inteligência.

É também um resumo, uma "síntese" do Evangelho de João.

Quem medita o Prólogo medita, ao mesmo tempo, todo o Evangelho ao qual ele reenvia incessantemente.

Esse texto tem sido traduzido de formas bastante diversas (vamos apresentar algumas delas). A nossa tradução tenta permanecer fiel à letra, sem se confinar nela, levando em consideração as pesquisas atuais sobre o grego e os semitismos do texto, sem procurar necessariamente retroverter, mas indicando o sentido da palavra hebraica que, supostamente, estaria por detrás do grego.

Quanto aos comentários, pertencem a um "pardal" que evoca demais os ramos ecléticos nos quais foi pousando e que aspira ao voo sereno da águia:

> "Esta página tão curta é, com efeito, o olhar da águia no infinito. Ela colocou São João no ápice daqueles que VIRAM as coisas divinas"[1].

Jacques Lefèvre d'Étaples

1. No princípio, era a palavra e a palavra estava com Deus: e a palavra era Deus.

---

1. LACORDAIRE. *Lettres à un jeune homme*, primeira carta.

2. Ela estava, no princípio, com Deus.

3. Todas as coisas foram feitas por ela: e sem ela, nada se fez do que foi feito.

4. E ela era a vida e a vida era a luz dos homens:

5. e a luz brilha nas trevas, mas as trevas não a compreenderam.

6. Um homem foi enviado por Deus: que era chamado João.

7. Este veio para dar testemunho, para testemunhar a luz: a fim de que todos cressem por ele.

8. Este não era a luz: mas veio para dar testemunho da luz.

9. A luz verdadeira era aquela que ilumina todo homem que vem a este mundo.

10. Estava no mundo e o mundo foi feito por ela: mas o mundo não a conheceu.

11. Veio para as coisas que eram suas, mas os seus não a receberam.

12. Mas a todos os que a receberam, deu-lhes o poder de virem a ser filhos de Deus, àqueles que creem em seu nome;

13. os quais não nasceram do sangue, nem da vontade da carne, nem da vontade do homem: mas de Deus.

14. E a palavra se fez carne e habitou em nós (e vimos sua glória, a glória como daquele que é o unigênito do pai), cheia de graça e verdade[2].

João Calvino

1. No princípio, era a palavra, e a palavra estava com Deus: e esta palavra era Deus.

2. Ela estava, no princípio, com Deus.

---

2. D'ÉTAPLES, Jacques Lefèvre. *Épitres et Évangiles pour les cinquante deux semaines de l'an...* Paris: 1525 (?), fol. 20, 21.

3. Todas as coisas foram feitas por ela; e sem ela, nada se fez do que foi feito.

4. Nela, estava a vida, e a vida era a luz dos homens.

5. E a luz brilha nas trevas, mas as trevas não a compreenderam.

6. Houve um homem enviado por Deus, que tinha o nome de João.

7. Este veio para dar testemunho, para testemunhar a luz: a fim de que todos cressem por ele.

8. Ele não era a luz: mas veio para testemunhar a luz.

9. A luz verdadeira era aquela que ilumina todo homem que vem a este mundo.

10. Ele estava no mundo e o mundo foi feito por ele, mas o mundo não o conheceu.

11. Veio para o que era seu: mas os seus não o receberam.

12. Mas a todos os que o receberam, deu-lhes o poder de virem a ser filhos de Deus; a saber, àqueles que creem em seu nome:

13. Os quais não nasceram do sangue, nem da vontade da carne, nem da vontade do homem: mas de Deus.

14. E esta palavra se fez carne e habitou entre nós, e contemplamos sua glória, a glória, digo eu, como que do único filho engendrado do Pai, pleno de graça e verdade.

15. João dá testemunho dele e clamou, dizendo: Este é aquele de quem vos disse: O que vem depois de mim, é preferido a mim: porque era mais excelente do que eu.

16. E, de sua abundância, recebemos, e graça sobre graça.

17. Porque a lei foi dada por Moisés: mas a graça e a verdade vieram por Jesus Cristo.

18. Ninguém viu a Deus: o Filho único que está no seio do Pai foi quem no-lo deu a conhecer[3].

---

3. CALVIN, Jean. *Commentaire de l'Évangile selon Saint Jean*. Genebra: [s.e.], 1553.

O Maistre de Sacy

1. No princípio, era o Verbo e o Verbo estava com Deus e o Verbo era Deus.

2. Ele estava, no princípio, com Deus.

3. Todas as coisas foram feitas por ele; e, sem ele, nada se fez do que foi feito.

4. Nele estava a vida, e a vida era a luz dos homens:

5. e a luz brilha nas trevas, e as trevas não o compreenderam.

6. Houve um homem enviado por Deus, que se chamava João.

7. Veio para servir de testemunha, para dar testemunho da luz, a fim de que todos cressem por ele.

8. Ele não era a luz; mas veio para dar testemunho daquele que era a luz.

9. Este era a luz verdadeira que ilumina todo homem que vem a este mundo.

10. Ele estava no mundo e o mundo foi feito por ele, mas o mundo não o conheceu.

11. Veio para o que era seu, e os seus não o receberam.

12. Mas a todos os que o receberam deu o poder de virem a ser filhos de Deus, àqueles que creem em seu nome:

13. que não nasceram do sangue, nem da vontade da carne, nem da vontade do homem, mas do próprio Deus.

14. E o Verbo se fez carne e habitou entre nós: e vimos sua glória, digo eu, como que do Filho único do Pai, estando cheio de graça e verdade.

15. João dá testemunho dele e clama, dizendo: Eis aquele de quem vos disse: Aquele que deve vir depois de mim, foi preferido a mim, porque era antes de mim.

16. E, de sua plenitude, recebemos, e graça sobre graça.

17. Porque a lei foi dada por Moisés: mas a graça e a verdade foram trazidas por Jesus Cristo.

18. Ninguém jamais viu a Deus: o Filho único que está no seio do Pai foi quem no-lo deu a conhecer[4].

Charles Le Cene

1. O Oráculo existia desde o princípio e esse Oráculo relacionava-se com Deus; o próprio Oráculo era Deus.

2. Desde o princípio, ele relacionava-se com Deus.

3. Todas as coisas foram feitas em seu nome, e nada foi feito senão em relação a ele.

4. A vida existia por ele, e a vida era a luz dos homens.

5. Essa luz brilhou entre aqueles que estavam nas trevas, mas aqueles que estavam nessas trevas não tiraram dela qualquer benefício.

6. Houve um homem, enviado por Deus, chamado João.

7. Apareceu como testemunha para dar testemunho dessa luz, a fim de que todos cressem por seu ministério.

8. Ele não era essa luz, mas devia servir de testemunha dessa luz,

9. que é a luz verdadeira que, tendo vindo ao mundo, ilumina todos os homens.

10. Ele estava no mundo, e o mundo foi feito em seu nome, mas o mundo não o aceitou.

11. Veio para o que era seu, mas seus próprios servidores não lhe obedeceram.

12. No entanto, deu o direito de serem filhos de Deus a todos os que lhe obedeceram, aos que creem nela;

13. Os quais não devem sua adoção nem às cerimônias dos judeus, nem ao seu nascimento natural, nem à afeição de alguma pessoa importante, mas a Deus.

---

4. O Maistre de Sacy, *Le Nouveau Testament*, traduit sur la Vulgate, 1705.

14. Porque esse Oráculo era um corpo humano, e instalou seu tabernáculo entre nós, e levamos em consideração sua majestade que é a majestade que o filho bem-amado recebeu do Pai.

15. João, que estava repleto de graça e verdade, certificou e pregou, dizendo: Eis aquele de quem vos disse: aquele que vem depois de mim, foi preferido a mim, porque estava acima de mim.

16. E de sua abundância, todos nós recebemos o que é soberanamente agradável e amável, ou graça sobre graça.

17. Porque a lei foi dada por Moisés, mas a graça e a verdade foram propostas por Jesus Cristo.

18. Ninguém jamais viu a Deus; foi o filho único, que estava no seio do Pai, que o manifestou[5].

Cônego Crampon

1. No princípio, era o Verbo e o Verbo estava em Deus e o Verbo era Deus.

2. Ele estava, no princípio, em Deus.

3. Todas as coisas foram feitas por ele, e sem ele nada se fez do que foi feito.

4. Nele estava a vida e a vida era a luz dos homens.

5. E a luz brilha nas trevas, e as trevas não o receberam.

6. Apareceu um homem; ele era enviado por Deus, seu nome era João.

7. Veio como testemunha, para dar testemunho da luz, a fim de que todos cressem por ele.

8. Ele não era a luz, mas devia dar testemunho da luz.

---

5. LE CENE, Charles. *Le Nouveau Testament ou L'Alliance de Notre Seigneur et Sauveur Jésus Christ*. Amsterdã, 1741 [Nova versão].

9. O Verbo era a luz verdadeira que ilumina todo homem que vem a este mundo.

10. Ele estava no mundo e o mundo foi feito por ele, mas o mundo não o conheceu.

11. Veio para a sua herança, e os seus não o receberam.

12. Mas a todos os que o receberam, a todos os que creem em seu nome, deu o poder de se tornarem filhos de Deus,

13. filhos que não nasceram do sangue, nem da vontade da carne, nem da vontade do homem, mas de Deus.

14. E o Verbo se fez carne e habitou entre nós, cheio de graça e verdade; e contemplamos sua glória, uma glória como a de um Filho único, nascido do Pai.

15. João deu testemunho dele, dizendo em voz alta: "Eis aquele de quem eu dizia: Aquele que vem depois de mim foi feito maior do que eu, porque existia antes de mim".

16. E, de sua plenitude, todos nós recebemos, e graça sobre graça.

17. Porque a lei foi dada por Moisés, mas a graça e a verdade vieram a nós por Jesus Cristo.

18. Ninguém jamais viu a Deus; o Filho único, que está no seio do Pai, foi quem no-lo deu a conhecer[6].

---

6. CRAMPON, Chanoine. *Le Nouveau Testament*. Amiens: [s.e.], 1885.

O PRÓLOGO DE JOÃO

1

1. No princípio: o Logos,
   o Logos está voltado para Deus,
   o Logos é Deus.
2. No princípio, ele está com Deus.
3. Todas as coisas foram feitas por meio dele,
   sem ele: nada.
4. Ele é a vida de todo ser,
   a vida é a luz dos homens.
5. A luz brilha nas trevas,
   mas as trevas não conseguem alcançá-la.
6. Aparece um homem enviado por Deus,
   seu nome é Iohanan.
7. Ele vem como testemunha,
   para dar testemunho da luz,
   a fim de que todos adiram a ela com ele.
8. Ele não é a luz,
   mas veio para dar testemunho da luz.
9. O Logos é a luz verdadeira
   que ilumina todo homem.
10. Ele está no mundo,
    por ele o mundo existe,
    mas o mundo não o conhece.
11. Vem para o que é seu,
    e os seus não o recebem.

12. Mas a todos que o recebem,
aos que creem em seu nome,
dá o poder de se tornarem filhos de Deus.

13. Engendrados
não pelo sangue,
nem pela carne,
nem pela vontade do homem,
mas de Deus.

14. E o Logos se fez carne.
Habitou entre nós,
vimos sua glória,
cheia de graça e verdade.
Presença filial – unigênito –
que ele recebe do Pai.

15. Iohanan dá testemunho dele
e clama:
Eis aquele de quem vos disse:
"O que vem depois de mim,
passou adiante de mim,
porque existia antes de mim".

16. Pois da sua plenitude todos nós recebemos,
graça sobre graça.

17. A Thora nos foi dada por meio de Moshé.
A graça e a verdade vieram a nós
por Ieschua, o Messias.

18. Ninguém jamais viu a Deus.
O Filho unigênito,
que permanece no seio do Pai,
é quem no-lo dá a conhecer.

No início: o Logos

"*En archè*", no início, no princípio, na origem, nos primórdios, no fundamento, na fonte, encabeçando...

Que palavra escolher para traduzir este archè[7]?, este *béréshit*? – palavra primeira de toda a Gênesis? O que é o início?

Que semblante tínhamos antes do nosso nascimento?

De todas as questões que o homem se coloca, a questão da origem é a mais fundamental, pois ela o incita e o estimula a ir em direção a suas raízes, ela o obriga a determinar sua identidade: de que lugar você veio? Nunca devemos parar de nos questionar, do primeiro ao último alento, pois conhecer nossa origem é conhecer nosso fim, o porquê termos sido feitos.

No início, há um programa, um projeto, uma destinação, um destino, mas de que início estamos falando?

Falamos do início dos Tempos, de Outrora?

Antes de mais nada, "no início", é isto: o início do mundo, deste espaço-tempo. Muitos poderão então se perguntar: mas o que havia antes deste início, "pois do nada, nada pode sair"?

Com relação a esta questão, os rabinos, com muita habilidade, fazem notar que, no hebraico, antes da letra *beth*, inicial da palavra *béréshit* e primeira letra pela qual se inicia a Bíblia e o Prólogo, se eles tivessem sido escritos em hebraico, existe a letra *aleph*.

Aleph, primeira letra, símbolo de Deus na sua Unidade, na sua Asseidade[8]; *beth*, a segunda, simbolizando a dualidade.

Desta maneira, chegamos à conclusão de que *bereshit*, *en arché*, "no início", é o nosso ingresso no mundo do dual, do temporal. É o início daquilo que um dia se acabará, do mundo composto que um dia se decomporá, o mundo da entropia ou ainda, voltando à palavra de São Paulo, "este mundo como vocês o veem, este mundo que está desaparecendo..."

---

7. "Arché": cf. arquétipo, arqueologia arcanjo etc.: aquilo que encabeça, que está no início, na origem.

8. Atributo divino fundamental, que consiste em existir por si próprio [N.T.].

Antes do início, há o "*aleph*", esta misteriosa liberdade "que é" e que faz com que haja algo além do nada...

O que existe no início? Será que poderíamos colocar esta questão de forma mais subjetiva, perguntando-nos, por exemplo, o que existe no início de nossos atos? na fonte de nossos pensamentos? de nossas emoções? de nossos sentimentos?

O que há no início de um amor, de um sonho? O que há na fonte de uma pulsão, de um grito, de uma angústia?

Nossa consciência é estimulada quando nos mantemos próximos da origem, reconduzindo-nos, assim, ao presente, pois talvez não devamos procurar o início no ontem, no antigamente, mas no aqui e agora. No próprio instante em que nos fazemos essa pergunta, o que nos coloca, nos aproxima do Ser? Quem, em nós, coloca essa questão?

Quando conseguimos ver e perceber todas as coisas na sua origem, no seu início, abrimo-nos a um sentimento de fraternidade que nos liga e nos une a tudo aquilo que vive: a árvore, a estrela, o pássaro, nos são estranhos apenas quando os percebemos distantes da nossa origem em comum.

Ao bebermos na Fonte de tudo aquilo que vive e respira, ampliamos nosso coração e nosso sangue passa a ecoar em uníssono com todas as seivas do mundo. Manter-se próximo dos inícios é manter-se infinitamente próximo daquilo que faz ser a unidade e a multiplicidade dos entes.

No início: O LOGOS.

O Logos

Logos, "davar" em hebraico = inteligência, palavra, verbo, informação criadora...

Ainda, traduzir é trair, é reduzir.

O Logos não é a palavra, o verbo ou a razão no sentido usual do termo. É a palavra criadora. O "davar" bíblico dá forma e consistência a todas as coisas. Seria interessante notarmos igualmente que "davar" (D.B.R.) em hebraico ainda quer dizer:

1: promessa, ordem, mandamento, conselho

2: acontecimento, algo, qualquer coisa – fato, ação

3: causa, motivo

Para os Semitas, palavra e acontecimento não se separam.

Trata-se de uma palavra em ação, de um verbo eficaz.

O conceito contemporâneo que mais se aproximaria deste *davar* hebraico é o conceito da informação.

Para que algo exista, ele precisa ser "informado" no sentido genético do termo; mais tarde São João dirá que sem esta informação nada subsiste. Nada toma forma.

No início, na origem, há, portanto, esta inteligência, esta Palavra Criadora que "informa" todas as coisas; mas a Palavra é também aquilo que nos mantém na expectativa, na possibilidade de uma escuta e de uma relação.

Dizer que no início é a Palavra, é dizer que o que é primeiro é da ordem da relação. Entre o *aleph*, o incognoscível e a criação, há esta Palavra, este "diálogo", este Logos que estabelece a dualidade e no mesmo movimento convoca e torna possível a Unidade, não a unidade indiferenciada ou fusionar, mas a unidade da relação: o Amor.

Foi Heráclito quem inaugurou, no pensamento grego, os estudos sobre o Logos – não significando com isto que seja obrigatória uma comparação com o Logos do Prólogo de São João. São Justiniano lhe atribuía a honra de ter sido o primeiro a proclamar a existência do Logos e ia ainda mais longe; dizia ele que Heráclito passara sua existência em tanta conformidade com o Logos que, assim como Sócrates, merecia ser chamado de cristão.

Amélio, o neoplatônico, também relembrou Heráclito, ao mencionar aquele "bárbaro" que o plagiara ao escrever seu Evangelho!... É verdade, Heráclito proclamou o Logos em Éfeso seis séculos antes de Jesus Cristo, seis séculos antes de São João proclamar novamente – em Éfeso – o belo semblante daquele que, para ele, encarnou o Logos: Jesus Cristo, "Ele, o visível do invisível..."

De acordo com Heráclito, do fluxo incessante das coisas aos atributos contraditórios, o elemento que mantém tudo unido é o FOGO. Poderíamos dizer que o fogo administra e julga por ser considerado sábio e inteligente. Quando o examinamos como lei e razão universal das coisas, podemos então lhe dar o nome de Logos, não esquecendo que nosso Logos particular é apenas uma emanação deste Logos Único que mantém todas as coisas unidas; pois, como observará Axelos no seu estudo sobre Heráclito:

"O Logos é aquilo que liga os fenômenos entre si enquanto fenômenos de um Universo Uno e é aquilo que liga o discurso aos fenômenos. O Logos é um elo".

De acordo com Heráclito, nos tornamos inteligentes ao inspirarmos, através da respiração este Logos que nos "liga" a tudo que existe; passamos a não mais estar "separados".

> Quando presto atenção e escuto, não a mim, mas ao Logos, dou sinal de sabedoria ao dizer que, em ressonância com Ele, tudo é Um, pois Sabedoria é Una: conhecer o Pensamento que dirige tudo através de tudo (*Panta dia pantón*).

Para os estoicos não há nada de mais divino do que o Logos, mas, neste contexto, o Logos significa a razão. O mundo é regido pela razão; ele desenvolve-se pela razão, ele é sustentado e é o que é pela ação do princípio razoável. O homem só é considerado nobre e humano quando faz uso da razão. Seu dever é o de seguir a razão reta, ou seja, o Logos; será apenas lá que o homem encontrará a felicidade.

Isto pode ser sentido e entrevisto; o cristianismo será particularmente influenciado por este "logos estoico", aquele que segue a "razão reta" será considerado obediente ao Logos, o que equivalerá a obedecer a Deus.

O pecado, a doença,... a loucura será fastar-se da razão, será "perder a razão"...

Este ideal de "homem razoável", "são de espírito", marcou fortemente as sociedades ocidentais. Santo Agostinho, Pascal e muitos outros antes de Freud nos lembram, contudo, que o coração, assim como o corpo, "tem razões que a Razão desconhece..."

Existem, igualmente, analogias entre o Logos joanino e o Logos de Fílon de Alexandria. Fílon, judeu fortemente influenciado pelo pensamento helênico – assim como Platão –, via no Logos o lugar arquetípico das ideias, o mundo inteligível, modelo do mundo sensível; ele dirá que o mundo (*kosmos*), por pertencer ao domínio da sensação (*aisthetos*), é o filho caçula de Deus, enquanto que o filho mais velho, o Logos, por ser de natureza inteligível (*noetos*), é mantido ao lado de Deus.

Mais além, o Logos será apresentado como suporte do universo, seu elo (*desmos*); esta concepção não é estranha ao livro do Eclesiástico (Sirácida): "Através do seu Logos, tudo está ligado... Em uma palavra: Ele é todas as coisas"[9].

Fílon acrescenta:

> O Logos infinito do Deus Eterno é o suporte mais poderoso e mais estável da totalidade do mundo. É Ele que, distendido do centro às extremidades ao centro, assegura, ao longo de todo percurso, o desenvolvimento da natureza, tornado-a invencível, agrupando todas as partes e mantendo-as estritamente unidas; pois o Pai que a engrendrou fez deste Logos o elo (desmos) do universo, um elo que não podemos romper[10].

A natureza do Logos de Fílon é difícil de ser compreendida:

Será uma hipóstase (um ser que sustenta a si mesmo, uma pessoa) ou será, talvez, uma maneira de falar para designar Deus quando da sua manifestação no mundo? Fílon dirá que o Logos não é nem incriado (*agenetos*) nem criado (*genetos*); sem dúvida esta é

---

9. Sirácida 43,26-27.

10. Fílon de Alexandria: t. 10, Plant 8-9.

uma maneira de tentar expressar a natureza misteriosa da ação do Deus que é, ao mesmo tempo, transcendente e imanente, distinguindo-se radicalmente do mundo e atuando a partir do mundo. É por esta razão que ele insiste sobre o caráter mediador do Logos; ele está no "meio" (*méthorios*) a fim de fazer escutar a voz do universo e de servir de mediador e juiz.

> O Pai, Criador do universo, consentiu, como especial favor, ao Chefe dos Anjos, ao Logos muito venerável, manter-se no meio, para que o criado fosse separado do Criador. Ele é, simultaneamente, o intercessor do mortal, sempre aflito, junto ao incorruptível, e é também o embaixador do soberano junto ao subordinado. Este favor o alegra e o glorifica e o faz exclamar: "Eu me mantenho no meio, entre o Senhor e vós (Dt 5,5); não sou nem incriado como Deus nem criado como vós, estou entre esses dois extremos, dou garantia a ambos os lados; àquele que plantou, eu asseguro que o mundo criado nunca se revoltará inteiramente e não se rebelará preferindo a desordem à ordem; àquele que foi plantado, eu dou a bela esperança de que o Deus clemente nunca abandonará sua própria obra. Eu sou o arauto enviado para negociar a paz em nome daquele que decidiu aniquilar as guerras, Deus, eterno Conservador da Paz[11].

Annie Jaubert[12] examina várias correlações, que não deixam de ser iluminadoras, entre o Logos joanino e o Logos de Fílon:

a) Para Fílon, o maior de todos os dons que Deus fez aos homens, é a sua filiação junto ao Logos, sendo ele próprio filho mais velho de Deus. Esses seres foram criados à imagem do Logos perfeito. Moisés implora a Deus que "plante seus filhos" em seu Logos celeste[13].

Para João, os homens tornam-se filhos no Filho[14].

---

11. Fílon de Alexandria: t. 15. Her 205-206. [s.l.]: Cerf.

12. *Approches de l'Evangile de Jean*. Paris: Seuil, 1976, p. 171-174.

13. Fílon. *Oeuvres*, [s.l.]: Cerf (Praem 173, Fug 12, Plant 52).

14. Jn 1,12; 5,11-18.

b) Para Fílon, o Logos é uma imagem acessível aos homens. Mesmo que alguns homens não estejam aptos a tornarem-se filhos de Deus, eles poderão, ao menos, do Logos[15]. Para João: Apenas o Filho pode falar ao Pai: "Quem me viu, viu ao Pai." – "Eu sou o Caminho"[16].

c) Para Fílon: Os alimentos da alma, aquilo que a nutre, provém do Logos. Aqueles dentre nós que são mais perfeitos são nutridos pelo Logos na sua completude; quanto a nós devemos nos contentar em sermos nutridos por uma parte do Logos. Este Logos divino é representado pela Fonte que brota do Paraíso e se divide em quatro rios. Ele dá de beber à alma que tem sede de sabedoria e de virtudes.

Para João Jesus é o pão da vida, a fonte de águas vivas!

d) Para Fílon, o Logos é o grande intercessor entre Deus e os homens, como um suplicante. Ele representa o papel do sumo sacerdote no mundo. Em João, o Cristo roga ao Pai pelos seus discípulos. Ele glorifica o Pai.

e) Para Fílon, o Logos é Luz, uma luz que clareia a alma, esclarecendo-a a respeito de suas faltas, revelando-se sua face malsã, inspirando seu arrependimento pelos erros cometidos. Ele é, portanto, "testemunha" ou "refutador" (*élanchos*) sagrado[17]. Para João: o Cristo é Luz; ele veio para julgar (*krisis*), para discriminar. No entanto, é o Espírito que "refuta" o mundo no coração dos crentes[18].

f) Para Fílon, a alma é curada pelo Logos quando ele a ilumina e a esclarece; as palavras divinas a fazem reviver quando a saúdam, assim nela insuflando a salvação: o Espírito (o *pneuma*) divino guia os passos do espírito (*noùs*) humano em direção da própria

---

15. Fílon (Somm 1, 239-Confuz 135-147).

16. Jn 1,18–14,9–14,6.

17. Fílon. *Oeuvres*, [s.l.]: Cerf. Deus 134-135, Quaest. general. IV, 62.

18. Jn 1,4-5.12.16-3, 29-31.

verdade[19]. Para João Jesus ilumina os cegos, ressuscita os mortos, através do seu Espírito ele dá uma nova vida: "O Espírito da Verdade vos guiará em toda a Verdade"[20].

Muitos destes temas desenvolvidos por Fílon de Alexandria retornarão na patrística, chegando até a Idade Média. A história da exegese deste primeiro versículo do Evangelho de João será longa, ela ainda está por fazer. O sentido do Logos continua inesgotável: 'O caminho mais necessário ao nosso pensamaento é longo; ele nos conduz ao mais simples que, sob o nome de Logos, continua sendo aquilo que devemos pensar. Ainda há poucos sinais para indicar este caminho"[21].

No mundo contemporâneo, Martin Heidegger tentará, através da sua "hermenêutica etimológica, extrair alguns desses "sinais" e ele nos convidarpa a questionarmos o significado "original" ou fundamental da palavra Logos.

Este substantivo grego "*logos*" está, na verdade, coligado ao verbo "*legein*". O que quer dizer "*legein*" originalmente?

Antes de todo significado que se refere à ordem da linguagem, há em "*legein*" um sentido primeiro, que se encontra no termo latino "*legere*" e no termo alemão "*lesen*": a ideia de colher ou de coletar. Este sentido primeiro do logos, de acordo com Heidegger, será, portanto, a "colheita" (*die Lese*): recolher, colher, apanhar, para colocar em abrigo.

Heidegger mostrará que o ato de colher comporta três ideias: tirar do solo (*aufnehmen*), juntar (*zusammenbringen*) e conservar (*aufbewahren*), mas é o "colocar em abrigo" que predetermina os atos do "colher" e do "juntar" e que constitui o vínculo fundamental. É apenas através deste vínculo que o ato de colher é algo mais do que um saque, que o ato de juntar é algo mais do que acúmulo.

---

19. Fílon, Somm 1, 147, Mos II, 265.

20. Jn 16,13.

21. HEIDEGGER, Martin. "Logos". In: *La Psychanalyse*. Paris: PUF, 1956 [Trad. J. Lacan].

O Logos é o recolhimento que coloca em repouso todos os seres.

> *Legein* é: colocar em repouso – colocar em repouso é recolher-se em si mesmo quando nos é permitido ver a presença daquilo que sempre esteve presente[22].

Heidegger tentará sem seguida – ao meditar sobre os fragmentos de Heráclito – fazer o elo entre os significados originais e o sentido atual do Logos, como linguagem ou como lógica:

> Até onde será influenciada a essência da linguagem pela marca que ela recebe do colocar-em-repouso (*legein*)? Essa questão nos leva ao ponto mais distante até onde podemos remontar quando vamos em direção ao surgimento essencial da linguagem, pois o início daquilo que nos é permitido ver acontece paulatinamente, a revelação daquilo que estava velado, ao ser revelado, é a própria presença daquilo que sempre esteve presente. Passamos a ter capacidade de ver algo que já estava presente. Denominamos isso o ser daquele que está sendo[23].

Será que podemos "juntar", "recolher" essas diferentes interpretações do "Logos" que vêm esclarecer, e por vezes obscurecer, o sentido que São João poderia lhe dar no início de seu Evangelho?

Se mantiversmos unidas a herança semita e a herança grega que se acham confundidas no Prólogo sob o termo Logos, diríamos que o Logos é: Palavra do Outro, Palavra Criadora, fundadora do Ser dos que Estão Sendo e que o Logos é Desvelamento, manifestação do Ser que une os seres.

No início: o Logos.

Basta escutarmos nas profundezas do nosso próprio princípio, atendo-nos à origem de seu sopro para ouvirmos este duplo ecoar do Logos:

---

22. HEIDEGGER, Martin. Op. cit., p. 64.

23. HEIDEGGER, Martin. Op. cit., p. 64.

Presença ativa, informação inteligente, amante, que nos edifica.

Alteridade que se nos coloca: o Desconhecido de onde viemos...

Em seguida, Presença acolhedora que mantém nosso fio ligado a todos os fios do universo. "Poésis"[24] que nos canta e molda na Unidade de todos os seres...

1. No início: o Logos

O Logos está voltando para Deus

(Kai o logos èn pros ton théon).

O Logos é Deus.

(Théos èn o logos).

Algumas vezes traduzimos: o logos está "com" Deus ou "próximo" a Deus. "Pros", em grego, indica um movimento, uma orientação: estar "voltado para alguma coisa, para alguém".

O Logos está voltado para Deus.

Neste segundo versículo, os antigos contemplam uma revelação, um desvelar da Uni-Trindade do Ser:

O Logos = o Filho; Deus = o Pai; o movimento do Logos para Deus, o movimento do Filho para o Pai = o Espírito Santo.

Esta revelação trinitária não rompe a unidade do Um. Ela mostra que esta unidade não é estática. Deus não é Um como uma mônada ou um "sublime celibatário" (Chateaubriand). Deus é Um como o Amante, a Amada, o Amor são Um. "Deus é Amor". Assim é o Ser: movimento – relação = Vida.

Quando me coloco as questões: Quem sou eu? qual é a minha origem? descubro nas fundações do meu ser esta Inteligência, esta Presença que me faz existir.

---

24. No duplo sentido da ação e da linguagem. Dizer Um (o poema escrito ou ditado), fazer Um (o poema vivido).

Esta Presença é orientada, ela me faz entrar no seu movimento – *pros* – para Deus, em direção a Deus. No seu próprio fundamento – meu ser é relação; aí onde há relação, há liberdade.

Posso colocar obstáculos a esta relação, entravar este movimento do filho para o Pai; posso "entristecer o Santo Espírito"; e o que é a "catástrofe original", senão esta perda de Oriente, esta perda da orientação do Logos, que está dentro do home, voltado para o seu Fim, seu *théos*, seu Deus?

O homem perdeu seu "Espírito Santo" que o faz "voltar-se para" o Pai; ele perdeu o Espírito de Filiação... Qual é a obra do Cristo no mundo, senão devolver ao homem Seu Espírito (*pneuma*), seu "bom-senso" voltado para o Pai, restituindo-o, assim, à sua dimensão de Filho.

As palavras: Pai, Filho, Espírito – assim como a palavra Deus – são símbolos e os Antigos teólogos da Igreja nos advertem contra o perigo do antropomorfismo.

Deus não é Pai como se fosse um velhinho de barbas brancas. Ele é "Pai" enquanto "fundamento – origem", "Ser filho" é manter uma relação de intimidade com aquilo que ininterruptamente nos fundamenta e nos "origina".

Esta relação é "pneumática" espiritual – o Pneuma, o Santo Espírito, literalmente querem dizer: alento, "sopro". Esta relação de intimidade é, portanto, uma relação de Presença-à-presença, presença do sopro humano no Sopro que anima tudo "aquilo que vive e respira".

Todo o Evangelho de São João será um convite ao retorno[25] ou à entrada nesta intimidade, que é participação na vida Trinitária, ou seja, na vida interior do Deus Vivo.

A palavra *Deus*[26], "Dieu" em francês, vem da palavra *Diès* em latim, que quer dizer: "o Dia". Quando digo Deus, eu digo: é ou será Dia, está ou estará claro... Deus é Amor, Deus também é Luz[27].

---

25. Ao retorno, ao regresso = metanoïa – mudança de espírito, conversão.

26. No original no texto [N.T.].

27. Cf. 1 Jn 1,5.

Em grego, na palavra *théos* (Deus), que reencontraremos em *théoria* (originalmente traduzido por: "contemplação), há igualmente esta noção de "ver", de ver claro...

Estar virado para Deus, se respeitarmos este nome na sua etimologia grega e latina, é estar no caminho da transparência do olhar e da luz.

A luz que vemos é Una com a luz que nos faz ver. Mestre Eckhart chegará a afirmar que "o olhar através do qual vejo Deus é o olhar através do qual Deus me vê". Conhecer Deus é entrar nesta unidade de olhar e de luz.

O Logos está virado para o *théos*. Isso quer dizer que o Ser e a Inteligência que existem em nós estão orientados, estão em movimento, em marcha, a caminho para a Pura Luz.[28]

O LOGOS é DEUS (*Théos èn o logos*):

Esta é a conclusão deste primeiro versículo do Evangelho de João. O Logos é Um com a Luz, permitindo que ela seja contemplada. O rio é um com a fonte de onde ele brota. Jesus dirá: "O Pai e eu, nós somos Um."

O Logos e o "*théos*" são distintos. Eles não estão separados. Eles são Um. Eles não se confundem, não se misturam. Este primeiro versículo já é uma revelação do que é o Amor. "O Logos está virado para Deus. O Logos é Deus."

A metafísica grega do Ser Imanente e a metafísica hebraica do Outro Transcendente são aqui superada por uma metafísica do ABERTO que torna possível a Relação. A Unidade não é destruída pela Alteriade. A Alteridade não é aniquilada pela Unidade.

Aquele que ama aproxima-se desta Revelação, pois aquele que ama, ama o outro na sua diferença e o percebe na sua unidade com ele.

Aquele que ama caminha e avança no próprio coração da Uni-Trindade.

---

28. Podemos fazer um paralelo entre esta experiência e a experiência do nirvana no hinduísmo e no budismo: entrar no domínio da Pura Luz.

Ele não está longe do início e do fim (do Alpha e do Omega). "Ele permanece em Deus e Deus permanece nele" (cf. 1 Jn 4-16).

2. No princípio, Ele está com Deus.

3. Todas as coisas existem por Ele.

Sem Ele: nada.

"Panta di autou egeneto

kai koris autou egeneto

oude èn o gegonen".

Literalmente: "o todo" (*panta*) tem nele sua origem (*egeneto* = *gênese*) e nada pode originar-se fora dele.

A Vulgata de São Jerônimo, sem dúvida mais próxima do espírito hebraico, traduz: *Sine ipso factum, est nihil* = "Sem ele, nada é feito. Sem ele: *Nihil* = Nada!"

O importante é nos reconhecermos incessantemente em gênese, em vias de criação, estamos sempre sendo originados; não fomos feitos de maneira definitiva; o Logos está sempre trabalhando para nos manter a salvo do Nada.

Descobrir-se "criado" é descobrir que não temos o Ser por nós mesmos; somos seres por participação. Dentro deste mesmo movimento, descobrimos que somos "nada" e que somos "amados". Existimos apenas devido ao Amor e ao livre desejo do Vivente.

Quando Mestre Eckhart diz que "a criatura é um puro nada", ele está apenas repetindo a palavra de São João, mas ele não quer dizer com isso que ela não exista, mas que ela não tem existência em si e por si.

É verdade que este termo "nada" é ambíguo.

Podemos dizer do próprio Deus que ele é um "puro nada", no sentido de que Ele não é nada daquilo que existe. Ele é o Incriado...

Poderíamos então afirmar que "Ele não existe", que ele não pertence ao reino dos Seres, que "ele não é do mundo".

Mas este nada, este Não-Ser, é a matriz de onde nascem os mundos, o Incriado de onde surgem todas as criaturas.

Sem o Logos: Nada. Sem esta Vontade de Manifestação, sem este Desejo que vem de um lugar Além, o universo não existiria. Ele não tem necessidade em si mesmo. Ele está completamente suspenso sobre esta liberdade abissal, este Amor Desconhecido "que faz girar a terra, o coração humano e as outras estrelas."

Eis um versículo que devemos antes vivenciar do que explicar. Algumas situações de nossa vida nos permitem experimentar nosso "nada", nossa vacuidade (nosso "vapor", diria Chouraqui). É no próprio coração deste "nada" que podemos verdadeiramente tocar a Presença do Logos. A página branca chama a Escrita. "O Humano, o muito humano", aniquilado, permanece Deus. É nesta vacuidade viva e virgem que o Verbo é engendrado.

4. Ele é a vida de todo o ser.

A vida é a Luz dos homens.

Temos aqui dois novos termos: "Zoé" = a vida, "*phos*" = a luz.

O Logos é a Vida, o Vivente de todo ser; este Vivente é luz. Mas o que é a Vida?

Novamente, São João nos conduz às proximidades da origem. Ele nos leva ao essencial. Seguir o Logos é escutar e aderir ao próprio movimento da Vida em nós. Ser cristão é tornar-se cada vez mais vivo, mais vivente, Um com a Vida.

O Logos não é um estranho, um estrangeiro. Ele "está mais próximo de nós do que nossa veia jugular". Ele é o Vivente, a Vida de nossas vidas, A Vida, assim como a Luz, assim como o Amor, não é propriedade de nenhuma raça, de nenhuma seita, de nenhuma religião. Um descrente cheio de vida, de amor e de luz está, sem dúvida, mais próximo do Logos e é mais "cristão" do que um crente que se desespera da vida, que duvida do poder do amor que existe nele e que não mais procura a luz.

O Logos é a Vida; todo ser vivo é "morada de Deus", tudo aquilo que vive a respira "é adorável".

A vida é sagrada; esta não é uma palavra vã; é reconhecer o Logos que anima todas as coisas. Se perdermos este conhecimento, o mundo se tornará profano, ou seja, "profanado", vazio da Presença que o habita, vazio da sua Luz.

Reencontrar esta gnose (reencontrar seu Santo Espírito) é ver o Logos em todos os seres (*logoi*, que participam do Logos Único)[29] dizem os Padres da Igreja) e é fazer a experiência da transfiguração, como fez o *Peregrino russo*, no momento em que invocava no Espírito Santo, do fundo do coração, o nome do Logos encarnado:

> Tudo o que me rodeava, aparecia-me sob um aspecto encantador: as árvores, as ervas, os pássaros, a terra, o ar, a luz, todas essas coisas pareciam dizer-me que existem para o homem, que dão testemunho do amor de Deus ao homem; tudo era prece, tudo cantava Glória a Deus! Assim, eu compreendia o que a Filocalia designa por 'conhecimento da linguagem (*logos*) da criação' e eu via como é possível conversar com as criaturas de Deus[30].

No Monte Tabor, os olhos dos discípulos tornaram-se, igualmente, capazes de ver o Logos "por Quem tudo existe" na forma terrestre de Jesus de Nazaré.

"Quem vê o irmão, vê a Deus", dizem os Padres do Deserto. Toda dificuldade é "ver" verdadeiramente. Não se trata de apegar-se à forma particular que toma a vida e a luz, mas situar em seu lugar todas as formas na grande corrente de vida e de luz que é o Logos.

Moisés não se prosterna diante de uma sarça (isso seria, então, um ídolo), mas diante da chama e da palavra que se manifestam por seu intermédio. Não adoramos o homem Jesus (nesse caso, seríamos idó-

---

29. Para a análise, a exegese e o comentário dos outros versículos do prólogo de São João, cf. LELOUP, Jean-Yves. *O Evangelho de João*. Petrópolis: Vozes, 2000.

30. *Le Pèlerin russe*. Paris: Éd. du Seuil, 1966, p. 51-57.

latras), mas o Logos, a vida, a luz que se encarnaram nele. Quando Jesus diz no Evangelho: "eu sou a vida" ou "eu sou a luz do mundo", não está falando a partir de seu "pequeno ego", de seu ser existencial (isso não passaria de megalomania, "inflação do ego"). Mas fala a partir do Logos que está nele, do Logos "que está – no princípio – com Deus"... Ele é a vida de todo ser, e "a vida é a luz dos homens".

Acontece-nos, também, às vezes, formar uma só coisa com a vida, "sermos a vida", e esse momento constitui como que uma vaga do fundo que nos soergue mais alto do que o tempo, para além da morte. E, nesse caso, experimentamos algo de invulnerável, indestrutível, em nós.

Esse algo será chamado por São João: a vida eterna, a vida verdadeira que não passa quando passam todas as formas através das quais ela se manifesta.

Acontece-nos, também, às vezes, formar uma só coisa com a luz, vê-la no cosmos, vê-la nos outros, como fez Motovilov no século retrasado, quando foi introduzido na intimidade "pneumática" do Padre Serafim de Sarov:

> Meu amigo, neste momento, nós dois estamos no Espírito de Deus (*pneuma*) [...] Por que não quereis olhar para mim?
>
> Não posso olhar para vós, Padre – respondi –, porque vossos olhos projetam relâmpagos; vosso rosto tornou-se mais resplandecente do que o sol e fico com os olhos machucados ao olhar para vós.
>
> Nada temais – disse ele; neste momento, vós vos tornastes tão iluminado quanto eu. Presentemente, vós estais na plenitude do Espírito de Deus; caso contrário, não poderíeis ver-me da forma como me vedes"[31].

Vladimir Lossky acrescenta que esse relato, em sua simplicidade, contém todas as doutrinas dos Padres orientais sobre a "gnose":

---

31. Entrevistas de São Serafim. In: *Théologie, Mystique de l'Église d'Orient*, p. 226-227 [Tradução para o francês de Vladimir Lossky].

Consciência da graça que alcança seu grau extremo na visão da luz divina.

Consciência do Logos, abertura da inteligência, mas também do coração e do corpo, ao desdobramento da luz – Amplexo íntimo do vivo.

5. A luz brilha nas trevas
(En te skotia phainen),
mas as trevas não conseguem alcançá-la.

A luz do Logos nem sempre se revela na evidência de um corpo de luz, como o do Cristo no Monte Tabor, ou como o de São Serafim. Na maioria dos casos, permanece cercada por trevas. Ela brilha no obscuro.

A obscuridade não deve ser considerada somente como a representação do mal ou do pecado que impedem a revelação da luz; ela é também a condição desse desvelamento.

A luz é por si mesma invisível; para entrar no campo de nossa percepção, tem necessidade de tomar uma certa densidade (nesse caso, torna-se uma nuvem), tem necessidade de uma certa matéria que é – por sua própria natureza – mais ou menos pesada e sombria.

Portanto, é possível compreender este versículo: É na matéria *(skotia)* que a luz *(phos)* torna-se um fenômeno *(phainen)*, que ela se torna perceptível no espaço-tempo.

"Skotia auto ou katelaben": As trevas não conseguem alcançá-la, ou ainda: não podem compreendê-la (contê-la).

Essa luz incriada que habita nas profundezas do ser não é acessível ao espírito "material"; ela é de uma outra natureza.

A alteridade e a transcendência permanecem no íntimo do fenômeno, o mais conhecido está saturado de incognoscível; o caráter próprio da luz é permanecer invisível no próprio âmago de tudo o que ela dá a ver; infinitamente próxima e sempre não apegada ao que ela mostra; não seria possível conservar nos olhos ou nas mãos seu clarão...

Outra interpretação menos metafísica e, talvez, mais rica em esperança seria ler nesse versículo a afirmação que o mais tenebroso de nós mesmos nunca conseguirá acabar com a luz; a centelha nunca será extinta pelo peso das nossas cinzas; o mal não levará a melhor.

Sejam quais forem nossas impurezas, a luz que cada um traz em si não é manchada por elas...

Durante a última refeição, Jesus oferece a Judas um bocado de pão; em seguida, Judas deixa a mesa para realizar sua triste tarefa...

São João nota somente: “Era noite”.

Nessa noite, Judas leva um bocado de luz, um clarão que brilha em suas entranhas e que nem a morte conseguirá extinguir.

Deus não poderia deixar de nos amar. Iria contra sua própria natureza. A luz de seu Logos não cessa de brilhar, sejam quais forem as muralhas de nossas recusas, o negrume, a espessura de nossa incredulidade.

No fim da noite, isso poderá ajudar-nos a não ficarmos desesperados conosco mesmos, nem com o outro.

No fundo, em algum lugar, uma brasa ínfima espera a benevolência de um olhar e a carícia iluminadora do Sopro...

6. Aparece um homem, enviado por Deus.
Iohanan é seu nome.

Nos primeiros versículos, estávamos nos píncaros da contemplação. Agora, voltamos a descer para o vale da história.

No Evangelho de João existe esse ritmo de onda, esse fluxo e refluxo do eterno no tempo.

Não se trata de um tratado de metafísica, mas de uma história na qual encarnam os grandes princípios, história no cotidiano em que se manifesta o incógnito, a alteridade, o que faz dele uma história “santa”.

Os arquétipos encontram-se aí em carne e osso.

No Prólogo, João (o Batista) aparece-nos como o arquétipo do enviado, do primeiro “apóstolo” (*apostalmenos*, diz-nos o texto) e do testemunho. Da mesma forma que o Logos está voltado para

Deus, assim também João Batista está voltado para o Logos, ele é "Ad-Verbum". Os místicos renanos irão apresentá-lo como o "advérbio" por excelência.

Iohanan é seu nome *(on schemo Iohanan)*, o que quer dizer: "Aquele a quem Deus agracia (*Io*: mesma raiz do tetragrama; *Anan*: que dará o nome "Ana" = a graça); e o que é a graça senão a possibilidade de "estar voltado para", na qual reconhecemos a presença do Espírito Santo? A capacidade de sair de nós mesmos, de existirmos "para o outro"?

A graça é a beleza que se dá.

João Batista, "o maior entre os filhos dos homens", existe "para o outro".

A identidade de um ser encontra-se na sua missão; ser chamado pelo nome é ser retirado de si mesmo para o outro, de novo, entrar na vida, no movimento e no ser da relação...

7. *Vem como testemunha* (martus)
para dar testemunho (marturese) *da luz,*
a fim de que todos adiram (pisteusosin) *a ela com ele.*

O grego "martus" = testemunha, que dará a palavra "mártire", é a tradução dos termos hebraicos da família "he-id": certificar a verdade de...

O papel de João é, portanto, dar testemunho com todo o seu ser, certificar com seu corpo, sua afetividade, sua inteligência que a luz existe, a fim de que os outros possam crer nisso, experimentá-lo com ele.

Os mártires, as testemunhas, são aqueles que manifestam, que certificam a vida do Ressuscitado neles, o amor mais forte do que a morte. O verbo grego "pisteuein" que, em geral, traduzimos por "acreditar", ter fé, tenta restituir o verbo hebraico "aman" que dará "amin" (ou *amém* – portanto, o que resta de "latim" em nossas liturgias, é uma palavra hebraica!). "Amin" significa: "ter a certeza da verdade de... formar uma só coisa com... aderir".

No Evangelho de João, muitas vezes, traduzimos "pistis", a fé, por "adesão" ou "aderência" para significar exatamente o vínculo vital e a sensação de certeza que implicam a fé em sua pregnância original.

João Batista vive da luz para a qual está voltado. Forma uma só coisa com ela, do mesmo modo que o Logos forma uma só coisa com Deus, e, nesse movimento de "adesão" ou aderência, ele leva os outros a crer, a participar nisso com ele.

8. Ele não é luz,
mas a testemunha da luz.

A relação de João Batista com o Cristo é, muitas vezes, equiparada à relação que existe entre a lua e o sol.

A lua não é fonte de luz, mas reflete a luz.

O Prólogo adverte-nos contra o perigo que consiste em tomar, algumas vezes, o reflexo pela luz, a tomar o Precursor pelo Messias; com efeito, no Evangelho, há quem se pergunte "se João Batista não é o Cristo".

No nível da experiência interior, podemos também tomar o reflexo pela luz. Podemos ficar iludidos e tomar os sinais precursores da realização pela própria realização: uma certa sabedoria, uma certa calma, uma certa clareza de espírito ainda não são a luz.

Essas experiências ainda são – para retomar as categorias de São Paulo – do mundo "psíquico" e não do mundo "pneumático". Aliás, o próprio João Batista dirá: "Não sou o Cristo". E esta magnífica afirmação: "É necessário que ele cresça e que eu diminua"; em um espírito junguiano, dir-se-ia: a importância do ego deve ser relativizada para deixar lugar à importância do Self...

Essa afirmação será comentada por Tauler do seguinte modo: o nome secreto de João Batista é "Non Sum" = "não sou", enquanto que o nome secreto do Cristo é "Ego Sum" = "EU SOU". Esse "Non sum" é a própria condição para que se realize em nós a presença do "Ego sum".

Essa experiência será também vivida por Catarina de Sena quando o Cristo lhe dirá: "Eu sou aquele que É" – "Tu és aquela que não é".

João Batista não é a luz. Mas transporta a luz. Sua presença é pura capacidade do outro, como Maria – por sua humildade, sua virgindade interior, sua vacuidade –, ele faz-se "capax Dei" = capaz de Deus.

Ele transporta o dia. Seu rosto está impregnado de sol.

> 9. *O Logos é a luz verdadeira*
> *que ilumina todo homem.*
> (To phos to alethinon – em hebraico, or emet –
> photizei panta anthropon).

João Batista é o espelho que reflete a luz, mas a luz verdadeira: é o *Logos*.

Essa luz ilumina "todo" homem, não somente os cristãos, os homens de fé, os fervorosos, mas "todo" homem. Essa afirmação é importante: todo homem é habitado pelo Logos e, nesse sentido, "tudo o que fazemos ao menor dos irmãos é a ele que fazemos".

Os Padres da Igreja gostavam também de reconhecer em toda palavra e em todo ato de sabedoria "sementes do Logos", "sperma theou". "Toda palavra de verdade, seja qual for sua origem, está inspirada no único Espírito Santo", dirá, mais tarde, Santo Tomás de Aquino. Essa atitude de abertura e de respeito deveria iluminar nossas relações com as religiões e tradições diferentes das nossas.

Gandhi dizia: "O Evangelho é maravilhoso, os cristãos são sórdidos", quando os via confinados em seu chauvinismo e pretensão de deter "sozinhos" a verdade.

O missionário cristão não tem de anunciar um Logos que vem do exterior, mas revelar uma presença que já está aí!

"No meio de vós está alguém que vós não conheceis", dizia João Batista.

Trata-se de despertar para o incógnito que espera nas profundezas do ser, tomar consciência do que – desde toda a eternidade – já foi dado.

Conhecemos a dificuldade em pensar o mesmo no outro, sem sonhar em destruir sua alteridade! No entanto: "Se o todo fosse um só membro, onde estaria o corpo?"[32] O corpo do Logos é o universo inteiro, são todas as tradições, todas as culturas, todas as religiões no que elas têm de próprio e de inspirado por Deus.

> Acontece, portanto, que os membros são muitos, mas um só é o corpo. E o olho não pode dizer à mão: 'Não preciso de ti'; nem tampouco a cabeça aos pés: 'Não necessito de vocês' [...] Desta sorte, se um membro padece, todos os membros padecem com ele, e se um membro é honrado, todos os membros se alegram com ele[33].

Mestre Eckhart reconhecia o avanço espiritual de um noviço pela sua capacidade em alegrar-se com o sucesso do outro: não ficar ciumento com a verdade que está no outro, mas reconhecer nisso a presença do único Logos "por quem tudo existe".

Essa atitude não deveria nos conduzir ao relativismo do "tudo é igual" ou ao confusionismo no qual se misturam os níveis e os diferentes planos de revelação. A abertura do coração não exclui – pelo contrário, exige! – a vigilância e o discernimento porque não existe verdadeira abertura sem verdadeiro enraizamento, não há comunhão sem identidades bem diferenciadas. São João dirá em sua Primeira Epístola: "Caríssimos, não acrediteis em qualquer espírito. Examinai, antes de tudo, se os espíritos são de Deus porque muitos falsos profetas surgiram no mundo" (1Jo 4,1).

Com efeito, trata-se de examinar os espíritos para saber se o que inspira uma pessoa ou um grupo é a vaidade, a vontade de poder, ou então a verdade ou o amor. Com a luz do Logos que está nele, todo homem pode iluminar-se e iluminar os outros; pode também servir-se disso para brilhar, para destruir-se e destruir os ou-

---

32. 1Cor 12,19.

33. 1Cor 12,20.26.

tros. Existem formas perversas de utilizar a vida, ninguém pode negar tal fato, mas esse discernimento e essa vigilância necessários não devem transformar-se em desconfiança, em paranoia, ou, pior: em um coração duro.

> A unção que dele recebestes permanece em vós e não necessitais de ninguém para vos ensinar. [...] Quem não pratica a justiça não é de Deus, tampouco o que não ama seu irmão. [...] Se andamos na luz, assim como ele está na luz, estamos em comunhão uns com os outros...
>
> Quem não ama, permanece na morte. [...]
>
> Caríssimos, amemo-nos uns aos outros porque o amor é Deus e quem ama nasceu de Deus e conhece a Deus; e quem não ama, não conheceu a Deus porque Deus é amor. [...] O amor perfeito livra-se do temor. [...] Reconhecei que todo aquele que pratica a Justiça nasceu dele[34].

Seria necessário citar toda a Epístola de São João para compreender que a presença do Logos no homem é inseparável da presença da "ágape": luz e amor são uma só coisa.

Pretender estar na luz, sem amar, é mentira.

Pretender amar, sem manter-se na luz, é ilusão. A verdade, sem o amor, é a Inquisição, o forno crematório = o crime em nome da verdade. O amor sem a verdade é o ciúme, a possessividade, a hipocrisia e, de novo, o crime "em nome do amor": "eu o amava demais, acabei por matá-lo".

O Logos é a chama que ilumina todo homem que vem a este mundo. A chama é luz e calor. O Logos é inteligência e amor.

10. Ele está no mundo (kosmos)
o mundo existe por ele,
mas o mundo não o conhece.

---

34. 1Jo 2,27; 3,10; 1,7; 3,14; 4,7-8.18; 2,29.

Claude Tresmontant observa que a palavra grega "kosmos" é a tradução do hebraico "olam" que significa a duração indefinida no passado, ou a duração indefinida no futuro. No hebraico tardio, "olam" acabou significando a duração do mundo, "olam ha-zeh": a duração do mundo presente. Assim, esse biblista traduzirá "kosmos" por "o mundo da duração presente".

Essa tradução dificilmente utilizável tem, no entanto, o mérito de lembrar-nos que, no pensamento hebraico, como no pensamento de João, o "mundo" não é o cosmos, o universo no sentido em que, atualmente, poderíamos entendê-lo.

É a história dos homens.

Assim, poderíamos dizer que o Logos está na história e que a história não lhe reconhece seu lugar. Com efeito, em nossos dias, não há lugar para o eterno; não há lugar para o infinito na nossa finitude.

A história é o que o homem faz do universo, para o melhor e para o pior, em harmonia com o Logos que o anima ou contra ele.

Na história, existe essa possibilidade: o homem pode recusar reconhecer o Logos que está nele...

O rio pode negar a existência de sua nascente. Como diz o profeta: "Construíram cisternas e abandonaram-me, a fonte de águas vivas [...]".

Mas a água, até mesmo a mais pura, cortada de sua nascente, não demora a corromper-se.

O mundo da duração presente é o mundo da duração limitada: "o ser para a morte".

Assim, quando São João diz: "Não ameis o mundo, nem o que há no mundo" (1Jo 2,15), ele não diz para fugir do mundo da matéria, da natureza ou do corpo, mas diz-nos para desconfiarmos do que, com sua liberdade, o homem pode fazer do cosmos. Diz-nos para não termos confiança na história. O sentido do mundo e da história não é o progresso indefinido, mas a transparência ao eterno.

É o reconhecimento do Logos que está nele.

Sem fazermos eco aos cientistas sérios que afirmam que o progresso só pode nos conduzir à morte (não se trata somente da lei da entropia, mas da utilização anárquica que fazemos dos recursos naturais), não é possível negar que muitos continuem ignorando o sentido a ser dado ao mundo e à história.

Encontramo-nos em um estado que os hindus chamam "avidya" ou "ignorância" (literalmente: não visão), que não é falta de saber, mas esquecimento do ser, ignorância do Self, "ficar ao lado do que somos e daquilo para o qual, verdadeiramente, fomos feitos".

A história tornou-se puramente horizontal. Já não conhece a não ser o tempo no presente fugaz, no passado lento e no futuro incerto. Vive no esquecimento do Logos, privada de sua verticalidade que é abertura à transcendência. Já não consegue manter-se "de pé".

É o estado de queda contínua.

Não é possível compreender o sentido do mundo, fechando-se nele; só podemos compreendê-lo, transcendendo-o.

A história só tem sentido para aqueles que saíram – nem que fosse por um instante – da história, para aqueles que estão "no mundo, sem serem do mundo", e dão testemunho com sua vida de uma vida, de um Logos, de uma luz que a morte não poderá atingir...

11. Vem para o que é seu,
mas os seus não o recebem.

Onde é que o Logos está "no que é seu"? Qual é essa morada, cuja porta está fechada para ele?

Muitas vezes, julgou-se que, neste versículo, tratava-se do povo judeu e da Terra de Israel. Com efeito, não será que, nas palavras da Torá e no ensinamento dos sábios e profetas, o Logos estava no que era seu? A informação criadora que fala através dos elementos do cosmos, assim como através da boca dos inspirados, não tinha sido coletada nos livros santos?

Portanto, o povo judeu era um povo privilegiado, portador das “sperma theou”, das palavras divinas e parecia “normal” que o Logos tivesse encarnado nesse povo particularmente bem “informado”.

A missão de Israel, no meio das nações, sua não assimilação, foi sempre conservar um mínimo de verticalidade ao sentido da história.

Israel existe como uma evocação, no meio do tempo, do que não é tempo. É um povo que, normalmente, não “ignora” o Logos, no sentido do versículo precedente, mas que, pelo seu reconhecimento ao longo de seu destino tumultuado, convida as nações a essa abertura para a transcendência que pode salvá-los do absurdo e da morte.

Para São João, parecia que o povo judeu não tinha reconhecido o Logos em sua forma corporal. “Perscrutam as Escrituras, mas não querem vir a mim para receberem a vida [...]”

Uma palavra viva corre sempre o risco de ficar congelada no escrito. Pode-se preferir a bela aparência das letras hebraicas ao belo rosto do homem vivo.

O que Jesus parece criticar nos fariseus, os *peruschim*, grandes conhecedores da lei, é o fato de não encarnarem em suas práticas o que leem, meditam e rezam em seus livros. “Fazei o que eles dizem, mas não o que fazem”. Eles conhecem o Logos. Receberam-no de uma certa maneira em suas inteligências e transmitem-no em seus ensinamentos, mas não o recebem em seu corpo, em seus atos e comportamentos.

Quem ousaria dizer que, atualmente, os cristãos têm um procedimento melhor do que o dos judeus?

A encarnação do Logos continua a fazer-se de forma bastante difícil!

Fala-se de amor... quem ousaria dizer que o vive totalmente, que se tornou amor? Talvez, alguns loucos de Deus, certas almas simples, réstias de luz na carne apodrecida de nossa história?

Teresa de Lisieux dizia: "A única coisa que me resta fazer é amar!" A única coisa a fazer é encarnar o Logos, cotidianamente, nos menores atos!

Ele vem para o que é seu, mas os seus não o recebem: os que falam em seu nome, os que dizem serem dele são, algumas vezes, os que menos o encarnam...

Segundo uma interpretação mais filosófica, diríamos que o Logos está "no que é seu" no espírito *(nous)* do homem e que o espírito do homem pode limitar-se, fechar-se, diante do que o supera. Nesse caso, irá pensar em Deus e no mundo nos "limites da simples razão [...]". No entanto, a grandeza da razão consiste em reconhecer seus próprios limites. A grandeza da inteligência é conduzir aos limites do que é suscetível de ser pensado, exatamente onde o discurso termina e consegue a plena realização no silêncio e na contemplação...!

A inteligência humana pode fechar-se à inteligência criadora. Portanto, esse versículo é também a afirmação da liberdade do homem.

O homem nunca é "forçado" a acreditar ou a amar...

A luz e o amor do Logos podem bater à sua porta, compete-lhe abrir e receber...

12. A todos os que o recebem,
àqueles que creem em seu nome,
ele dá o poder de serem Filhos de Deus.

Aqueles que se abrem, que se fazem "capacidade", são adotados pelo Logos. O primeiro mandamento é: "Escuta... escuta, Israel, amarás..."

Escutar é tornar-se atento, receptivo ao real, à realidade do Logos que faz com que as coisas sejam o que são.

A escuta conduz à adesão, à aderência, ao que chamamos a Fé.

Abrir-nos, escutar, formar uma só coisa com aquele que vem... Tornar realidade seu nome... eis outras tantas etapas em direção ao Logos...

No pensamento hebraico, o nome não é o simples chamamento verbal, a rotulagem de uma realidade pessoal ou impessoal, mas é a própria presença, a energia (a *dynamis*) do que é chamado.

Aderirmos, acreditarmos em seu nome, é esposarmos essa energia, sermos vivificados por ela.

Segundo o Evangelho de João, Jesus veio ao mundo para revelar o nome de Deus, o nome do Pai:

> "Manifestei teu nome aos homens...
> Pai Santo, guarda em teu nome os que me deste a fim de que sejam um como nós somos um" (cf. Jo 17).

Uma das cristologias mais antigas é aquela em que o Cristo era considerado como aquele que encarna o nome, o portador do nome, o revelador do Tetragrama sagrado; aquele que manifesta em sua carne o segredo do ser e do amor.

Acreditarmos em seu nome, ou seja, aderirmos ao dinamismo de vida, de inteligência e de amor que ele significa, é tornar-nos "filhos de Deus".

Aqueles que acreditam são, literalmente, ex-altados *(exhusian)*, filhos de Deus *(tekna theou)*.

Entram em uma nova dimensão que já não é a do espaço-tempo.

13. Engendrados,
não pelo sangue,
nem pela carne,
nem pela vontade do homem,
mas por Deus.

Sermos filhos de Deus é descobrirmos a nós mesmos através da escuta e da aderência ao Logos engendrado por "alhures".

Não somos somente filhos de nossos pais, filhos de uma sociedade, de um certo cosmos, mas também filhos de Deus.

São João há de insistir na necessidade de nascer não só da terra, mas também do "alto":

> "Quem não nascer do alto,
> não poderá ver o Reino de Deus. [...]
> O que nasce da carne é carne,
> mas quem nasce do Espírito é Espírito"[35].

O homem não nasceu somente para morrer, mas para viver da vida eterna; isso supõe um ato de liberdade e de abertura ao que o transcende.

Nesse ato de abertura, realiza-se o ex-altamento de sua identidade. Se se fecha para essa possibilidade, o homem é como que "castrado" de sua dimensão divina, ele sufoca o espaço...

> "Qual é a pior das coisas a que pode chegar a potência do mal *(Yetzer)*? – Levar o homem a esquecer que é o filho de um Rei"[36].

O Logos encarnou-se para lembrar ao homem sua verdadeira identidade. A esse propósito, os *hassidim* contam uma história que poderia ilustrar o sentido da vinda do Logos ao mundo:

> "Aconteceu, em um país longínquo, que o filho do rei ficou doente. Tendo-se considerado um peru, tirou a roupa e pôs-se a ciscar debaixo da mesa, recusando qualquer conversação e alimento preparado na cozinha do palácio.
>
> O rei, vencido pela dor, convocou os sábios, médicos e astrólogos para que livrassem o filho daquela situação e o curassem.
>
> Passaram-se meses e ninguém conseguia encontrar remédio.
>
> Um dia, apareceu um homem na corte. Disse ao rei: 'Se aprouver a Vossa Alteza, tentarei fazer algo por vosso filho'. Depois de ter recebido a aquiescência do rei, para grande estupefação

35. Cf. Jo 3 (conversa com Nicodemos).

36. BUBER. *Tales of the Hassidim*. Vol. I. Nova York: [s.e.]: 1968, p. 282.

de todos, esse homem tirou a roupa e, nu, pôs-se a ciscar como um peru debaixo da mesa. [...]

Surpreso, o filho do rei perguntou-lhe: 'O que está fazendo aí?' O outro respondeu: 'Não está vendo que sou um peru como você?'

Ao ouvir os gluglus do velho sábio, o jovem ficou tranquilizado. Em breve, tornaram-se amigos.

Um dia, o sábio que se tinha tornado 'peru' pediu uma vestimenta e colocou-a em volta da cintura. Colérico, o príncipe disse-lhe: 'O que está acontecendo? Agora, você vai se vestir como os homens? Ficou maluco?'

O outro respondeu-lhe: 'Oh! com toda a certeza, não vai acreditar que seja suficiente colocar uma vestimenta para ser *como eles*; não é isso que nos impedirá de ser os perus que somos...'

Então, o príncipe voltou a vestir-se e algo mudou em seu aspecto.

Em outro dia, o sábio que se tinha tornado 'peru' pediu algumas iguarias da cozinha do palácio. O príncipe ficou espantado: 'O que está acontecendo? Não me diga que, agora, você vai comer como eles? Você está maluco!'

O outro respondeu: 'Com toda a certeza, não vai acreditar que, pelo simples fato de comer como homens, deixemos de ser os perus que somos' [...]; e, de novo, o príncipe sentou-se à mesa do palácio.

A reeducação do príncipe, pelo exemplo, ainda continuou durante algum tempo, até o dia em que se lembrou de seu nome e de sua identidade. De novo, era o filho do rei".

O Logos despojou-se de sua divindade; tornou-se semelhante aos homens; mostrou-lhes que eram capazes de inteligência e de amor, sem deixarem de ser homens... Com paciência, tentou revelar-lhes qual era a verdadeira identidade deles.

Alguns voltaram a lembrar-se: "Não eram somente engendrados pela carne e pelo sangue, mas eram 'Filhos de Deus' [...]".

"Ó homem, lembra-te de tua dignidade", dizia-se aos cristãos no dia do batismo.

14. O Logos fez-se carne.
E habitou no meio de nós.
(O logos sarx egeneto).

Literalmente: "O logos fez sua gênese na carne".

O termo grego "sarx" (que dará a palavra "sarcófago") é a tradução da palavra hebraica "basar": a "carne" no sentido de humanidade (corpo e alma), sendo que "basar" é indissociável de "nephesh".

É também um sinônimo de "Adam" = "o terroso": o Logos fez-se Adão. O incriado fez-se argila – o eterno entrou no tempo...

Os teólogos hão de lembrar-nos que não houve por parte do Logos qualquer modificação, qualquer transformação, qualquer devir. Para ele, modelou um corpo, uma terra, uma humanidade através da qual poderá revelar-se: "Ele fez-se carne".

Aqui, a matéria é santificada para sempre; daqui em diante, é a morada de Deus. Adão, o argiloso, está saturado de luz. Nele, a terra é como o céu...

"Eskenosen en emin".

Literalmente: armou sua tenda em nós. O termo grego "skené" é a tradução da palavra hebraica "ohal": a tenda.

O Logos fez do corpo humano uma tenda, evocação da tenda no deserto, memória da Aliança onde os hebreus guardavam a Torá; daqui em diante, é o corpo frágil do homem que abriga a presença divina e a informação que ela contém.

É necessário também observar que o Logos não "se instala" no mundo. Ele "acampa". Está de passagem. Trata-se de uma morada provisória: o tempo de afirmar e manifestar aos homens o amor com que são amados desde a origem...

Algumas vezes, diz-se de uma ideia que ela toma corpo, cria raiz, encarna-se.

Eis que "a ideia que Deus tem do homem" toma corpo, eis que o invisível amor tem, daqui em diante, um rosto no qual Deus se reconhece e no qual se reconhecem todos os rostos da Terra.

14. Vimos sua glória,
plena de graça e verdade.
Presença filial – unigênito –
que ele recebe do Pai.

Em português, a palavra "glória" faz pensar em "fama", "sucesso". O termo grego "doxa" é a tradução da palavra hebraica "kabod" que quer dizer: "o peso" da presença...

Vimos a sua glória: conhecemos o peso da sua presença. No Sinai, a glória de YHWH tomava o aspecto de uma chama que coroa a montanha.

Nas antigas teofanias, o peso da presença fazia-se sempre mais ou menos esmagador.

Ora, eis que o peso da presença divina apresenta, daqui em diante, um peso de homem, um olhar que não fica pregado no chão, mas que liberta e torna leve, um peso de ternura.

Um corpo, um rosto, uma palavra, uma presença "plena de graça e verdade".

Deus define-se a si mesmo: "YHWH, Deus de ternura e de graça, paciente, rico de misericórdia e fiel" (Ex 34,6).

A graça de Deus é misericórdia inclinada para a miséria *(hen)*, fidelidade generosa para com os seus *(hesed)*, solidez inabalável em suas ligações *(emet)*, ternura do coração *(rahamim)*, justiça inesgotável *(sedeq)*...

Vemos aí toda a riqueza do vocabulário hebraico da graça que será traduzido em grego pelo termo "charis", do qual vêm as palavras "carisma" e "caridade".

Em português, "graça" – que vem do latim, "gratia" –, designa, ao mesmo tempo, a fonte da dádiva naquele que dá e o efeito da dádiva naquele que recebe. Existe também a ideia de gratuidade e beleza.

Quando se diz de Jesus ou de Maria que eles são "plenos de graça", estamos atribuindo-lhes todas essas qualidades, mas queremos sobretudo significar que estão repletos do Espírito Santo: "a graça por excelência", para além de todos os dons, é a própria faculdade de dar-se... O Espírito Santo é também "Espírito de verdade".

No Cristo, revela-se a plenitude da graça e a plenitude da verdade. "O Pai concede-lhe o Espírito sem medida".

O verbo "aman" *(amém)*, a partir do qual é formada a palavra "emet" – em hebraico, a verdade –, significa fundamentalmente: ser sólido, seguro, digno de confiança. A verdade é a qualidade do que é estável, aquilo sobre o qual podemos nos apoiar. O Cristo será chamado "rochedo" nesse sentido; ter confiança nele é basear-se na rocha.

O termo grego "aletheia" sugere sobretudo o desvelamento; literalmente: o despertar (sair da "lethé", da letargia na qual nos encontramos durante a maior parte do tempo). Manter-nos na verdade é despertarmos sem parar, sairmos do esquecimento. Existe aí um verdadeiro dinamismo de vigilância.

Jesus nunca afirmou: tenho a verdade, mas "Eu Sou a verdade". Não se trata de ter a verdade (e isso quer dizer, em geral, ter razão em relação aos outros, ser o mais forte), mas de "*ser* a verdade", de ser verdadeiro, e isso supõe: despertar, vigilância. Estar pleno de graça e verdade é segurar, ao mesmo tempo, a extrema lucidez e o extremo amor, a dádiva e a vigilância; essa plenitude de gratuidade e de despertar está no Cristo: "Uma presença filial, unigênita, recebida do Pai".

Seu modo de presença no mundo é, com efeito, uma presença filial, uma relação ininterrompida com aquele que ele chama "seu Pai e nosso Pai". Esse modo de presença pode ser dito "unigênito", no sentido que é único, particular, assim como no sentido de que é oriundo "de um só gene *(mono-gene)*, de um só movimento, de um só jato, em direção do Pai. Toda a obra do Espírito Santo é transformar os seres dispersos, múltiplos, que somos, em "monogênitos", unificados, filhos "unicamente" voltados para o Pai *(pros ton theon)*, como no princípio...

O primeiro mandamento: "Amarás o Senhor teu Deus com todo o teu espírito, com todo o teu coração, com todas as tuas forças" tem como objetivo reunificar-nos *(monogenizar)* na orientação de nosso desejo para Deus.

Por sua encarnação, o Logos faz entrar o mundo na vida intratrinitária; coloca-o em "relação" com seu fundamento e sua origem na simplicidade de uma presença unificada, atenta... Seu símbolo é a relação de intimidade que, às vezes, pode ser conhecida entre um pai e um filho.

15. Iohanan dá testemunho dele
e clama:
Este é aquele de quem vos disse:
"O que vem depois de mim
passou adiante de mim,
porque existia antes de mim".

Iohanan, a testemunha da luz, é também chamado no Evangelho: "A voz que clama no deserto". Certifica que aquele, para quem preparou o caminho, o supera, é superior a ele: "Não sou digno de desatar a correia da sandália". Proclama, igualmente, que aquele que está à sua frente é o mesmo que aquele que existia antes.

"Antes que Abraão fosse: Eu Sou", dirá Jesus, e tal afirmação fará com que seja ameaçado de dilapidação e crucificado, uma vez que, assim, "faz-se Deus".

Pronuncia com sua boca de homem o tetragrama inominável: "EU SOU".

Poderia ter dito: "antes que João Batista fosse: eu sou", o que é do conhecimento de Iohanan que o reconhece; nesse caso, mantém-se perto daquele que é a própria proximidade da origem.

16. Pois da sua plenitude todos nós recebemos,
e graça sobre graça.

De sua plenitude, literalmente: de seu *pleroma*, todos nós recebemos; uma graça e depois, ainda outra graça.

Em primeiro lugar, a graça da criação: poderíamos não existir; o simples fato de respirar é da ordem da gratuidade, da dádiva. A vida não é absurda, mas graça; é gratuita; só revela sua razão de ser na liberdade do ser que dá a vida.

Mas, para descobrir um sentido ao dom da existência, seria necessária uma segunda graça, a graça da Thora, ou seja, o ensinamento recebido por Moisés, a informação que nos dá a conhecer que existimos por ele (o *Logos*, o *theos*) e que existimos para ele. A criação encontra seu sentido nele.

Finalmente, a última graça é a graça da filiação, a participação na própria vida do criador, a relação que podemos ter ou, antes, que podemos *ser* com a origem, não é uma relação de causa a efeito, uma relação da ordem da necessidade, mas uma relação de intimidade filial, de pessoa a pessoa, ou seja, de liberdade a liberdade, divinização que não se opera de forma natural ou mecânica, mas que faz apelo à nossa colaboração, à nossa "boa vontade".

A criação, a Torá, a filiação; ser criado, ser instruído, ser engendrado: graça sobre graça, entramos na plenitude "daquele que é tudo em todos".

17. A Thora nos foi dada por meio de Moshé.
A graça e a verdade vieram
por Ieschua, o Messias.

O termo grego "nomos" é a tradução da palavra hebraica "Torá" que é preferível não traduzir em português por "lei". Com efeito, a Torá é muito mais do que o conjunto de prescrições jurídicas que a palavra "lei" evoca para nós.

A Torá é a instrução, a informação, que Deus comunica a Moshé para transformar Israel em seu povo, um povo em conformidade com o Logos. Existe a Torá escrita nos livros; e existe também a Torá escrita no coração do homem e a Torá escrita na natureza.

O sentido de "Torá" não está longe do sentido do termo sânscrito "dharma" que é traduzido, igualmente, por "lei", lei inscrita no conjunto dos fenômenos e soma dos comportamentos necessários para nos ajustarmos (sermos justos) à grande harmonia cósmica. No termo grego "nomos" existe a ideia de "norma". Seguir a lei é obedecer às normas, é seguir a natureza.

Moshé transmite-nos essas normas, esses pontos de referência, esses ajustamentos para que reencontremos nossa verdadeira natureza e a conformidade com o desígnio de Deus.

Ao encarnar a Torá, ao viver e cumprir o menor de seus preceitos, Ieschua, o Messias, mostra-nos a graça e a verdade que ela contém: "Não vim abolir, mas completar". A graça coroa e completa a natureza, não a destrói, mas a ilumina por dentro. Ieschua ilumina a lei por dentro, vivendo-a como uma expressão do amor; sua obediência não é servil, mas filial; é plena de graça; ele responde ao amor pelo amor, à gratuidade pela gratuidade.

Revela-nos, assim, que nossos atos não têm valor a não ser pela liberdade e pelo amor com que os praticamos; é o que lhes dá o "peso" de glória...

O nome Ieschua mereceria realmente um bom número de comentários.

Os cabalistas mostraram que ele contém as letras do Tetragrama – YHWH; no entanto, é marcado por uma nuança de misericórdia: Deus salva. Deus coloca ao largo. Ieschua: Deus salvador. Deus libertador.

São João revela-nos, talvez, o segredo desse nome, dizendo-nos que "Deus é amor". Com efeito, não existe "nenhum outro nome pelo qual possamos ser salvos", a não ser esse.

Não será o amor que nos salva, que nos libera de nós mesmos, de nossas angústias, assim como de nossa vontade de poder? Não será o amor que nos "coloca ao largo" (cf. a raiz *Yasa* que, em hebraico, quer dizer: salvar)?

Ieschua é também chamado Messias.

Em hebraico, "Maschiah" – em grego, "Christos". O verbo hebraico "maschiah" significa: ungir... O *Maschiah*, o Messias, o Cristo, é, portanto, aquele que recebeu a unção.

Os Padres da Igreja observavam que se trata de um título trinitário.

Messias, Cristo, ou seja, "Ungido", isso supõe aquele que unge, aquele que é ungido e a unção = o Pai, o Filho e o Espírito Santo.

O Messias é aquele em quem repousa a plenitude do Espírito Santo – aquele que é totalmente habitado pelo sopro, pela unção de Deus.

Ieschua manifesta essa plenitude. Ele realiza a Torá.

Encarna a verdade com graça, com amor.

Inaugura o tempo messiânico, ou seja, o tempo-eternidade, um corpo, um universo repleto do conhecimento de YHWH.

18. Ninguém jamais viu a Deus.
O Filho unigênito
que está junto ao Pai,
foi ele quem no-lo deu a conhecer
(exegesato).

São João – e em sua esteira, um grande número de teólogos e místicos – hão de lembrar o caráter inacessível e incompreensível de Deus. "Ninguém jamais viu a Deus"; "Não se pode ver a Deus sem morrer"; "Deus mora em uma luz inacessível que nenhum homem viu, nem pode ver" (1Tm 6,16).

Se Deus é ainda chamado, na Bíblia, um "Deus escondido", é porque escapa às investigações do intelecto humano. "Todo conceito formado pelo entendimento para tentar alcançar e circunscrever a natureza divina só consegue modelar um ídolo de Deus, não a torná-lo conhecido", dizia o bispo Gregório de Nissa[37]. Importa guardar essa atitude apofática que é a dos grandes teólogos dos primeiros séculos.

"Não sabemos quem é Deus, somente o que não é" (Santo Tomás de Aquino) e temos apenas termos negativos para designá-lo: Ele não é finito (infinito), ele não é criado (incriado), ele não está no tempo (eterno) etc.

---

37. NISSA, Gregório de. *Vie de Moïse*. P.G. 44, 377.

Também tudo o que sabemos de Deus é sempre um homem que o diz, e ele o diz a partir de sua experiência, a partir do que sentiu: "Será que estava em seu corpo ou fora dele?"[38]

Pode-se dizer que, no caso de Ieschua de Nazaré, estava "em seu corpo" e, ao mesmo tempo, "fora dele". O filho unigênito armou a tenda entre nós e, ao mesmo tempo, "está junto ao Pai", não deixa o abismo da divindade e aí está o infinito paradoxo da encarnação... "Jesus Cristo é verdadeiramente Deus e verdadeiramente homem, sem confusão, nem separação" (cf. Concílio de Calcedônia).

O eterno e o tempo nele não estão separados. O incriado e o criado mantêm-se juntos. O "samsara" e o "nirvana", diriam os hindus e os budistas, formam uma só coisa e aí está a "derradeira realização".

Nesse contexto, a contemplação do inacessível pode ser feita no cotidiano. O corpo do homem é o templo do Espírito...

Um grão de areia contém inumeráveis universos... Ninguém jamais viu a Deus e, no entanto, não é impossível ver a Deus em todas as coisas; "Ver todas as coisas envolvidas pelo invisível". Bastaria modificar o olhar, conhecer "o olhar do Cristo"... Permanecendo no aberto, ele pratica atos, gestos infinitamente precisos, é assim que nos faz conhecer o Pai (literalmente: que nos faz a "exegese" dele – "exegesato", diz-nos o texto), que coloca os pingos sobre os "i" e mostra-nos que a menor vírgula de humanidade contém em segredo o nome da divindade.

Ele explica-nos, mostra-nos "que é Deus". Faz a exegese com sua carne, seu sangue, suas mãos traspassadas e plenas de luz. A cruz é verdadeiramente teóloga; "explica-nos" qual amor é Deus.

A encarnação do Logos não destrói o mistério; pelo contrário, aprofunda-o.

Afinal de contas, haverá algo de mais razoável do que dizer que Deus é inacessível?

Haverá algo de mais louco do que afirmar que Deus se fez humano, encarnou, manifestou-nos no corpo transfigurado e no cor-

---

38. Cf. 2Cor 12,3.

po desfigurado de Ieschua as profundezas de seu amor? Como dizia Máximo, o Confessor: "A morte e a ressurreição do Cristo contêm todos os mistérios", e o mistério não é "que o mundo seja incompreensível, mas que o mundo – de tempos em tempos – seja compreensível" (Einstein).

O mistério não é que Deus seja inacessível, mas que esteja perto e, ao mesmo tempo, seja estas duas coisas: transcendente e imanente.

Ninguém jamais viu a Deus e, no entanto: a única coisa que se vê é ele! Mergulhado nos meandros do rio, o Filho volta a ensinar-nos a apreciar a nascente.

Esse conhecimento é de um grande frescor... O "velho mundo", que está em via de desaparecer, toma, nesse caso, o rosto incógnito de uma criança eterna.

"Ela faz Deus".

Para os amadores de Cabala e de gematria, assinalemos a retroversão hebraica do Prólogo de João e sua equivalência gemátrica que o coloca em extrema ressonância com o texto do Gênesis.

Para Bernard Dubourg, tal equivalência gemátrica, "pelo cálculo que supõe por parte dos evangelistas-redatores, contradiz sem recurso possível a tese indefinidamente repisada dos Evangelhos como coletânea-de-reportagens-ao-vivo-provenientes-de-discípulos-iletrados, à maneira de Renan, Bultmann e outros"[39].

Que pensar de tal leitura cifrada da Bíblia; será que seu sentido é ex-altado ou, pelo contrário, reduzido?

A "cifra" de um rosto não será seu sorriso, seu olhar, mais do que a "soma" dos elementos que o compõem?

A "cifra" do Evangelho de João não será a relação misteriosa que se estabelece em nós, quando o peso e a complexidade das letras são eliminados... por uma vasta e estranha sensação de presença?

---

39. DUBOURG, Bernard. "L'invention de Jésus". In: *L'Hébreu du Nouveau Testament*. Paris: Gallimard, 1987, p. 186.

A gematria do primeiro versículo da Bíblia hebraica (da Torá) calcula-se da seguinte maneira (em relação a um conjunto de 28 letras):

termos	*tradução habitual*	*gematria*
BR'SYT	"no princípio"	913
BR'	"criou"	203
'LHYM	"Deus"	86
'T-HSMYM	"o céu"	796
W'T-H'RS	"e a terra"	703
		total: 2.701

A gematria do primeiro e segundo versículos do Prólogo de João coloca-se de uma forma semelhante:

termos	*miseráveis equivalentes-resíduos nas versões correntes*	*gematrias*
BR'SYT	"no princípio"	913
HYH	"era"	20
HDBR	"o verbo"	211
WHDBR	"e o verbo"	217
HYH	"estava"	20
LYHWH	"junto a deus"	56
WYHWH	"e deus"	32
HYH	"era"	20
HDBR	"o verbo"	211
HW'	"ele"	12
HYH	"estava"	20
BR'SYT	"no princípio"	913
LYHWH	"junto a deus"	56
		total: 2.701

A equivalência entre os dois textos nada tem a ver com uma "alusão" ou com uma "chamada". Mas é um exemplo – entre tantos outros – dos trabalhos aritméticos que são superabundantes nos textos do Novo Testamento.

Equivalência cujo cálculo incide sobre várias dezenas de letras (28 no primeiro caso, 55 no segundo – no total, 83 signos gráficos cifrados); equivalência que, portanto, em nada é um efeito do acaso ou uma coincidência.

Também não é por acaso que a soma aritmética das iniciais de todos os termos do primeiro e segundo versículos do Prólogo de João é igual a 111; 111 é (além da gematria de 'LP, o *aleph* que figura *no início* do alfabeto hebraico) a soma das finais de todos os termos de *Gênesis* 1,1:

– iniciais do primeiro e segundo versículos do prólogo de João: B + H + H + W + H + L + W + H + H + H + H + B + L = 2 + 5 + 5 + 6 + 5 + 30 + 6 + 5 + 5 + 5 + 5 + 2 + 30 = 111;

– gematria (clássica) de 'LP: 1 + 30 + 80 = 111;

– finais de *Gênesis* 1,1: T + ' + M + T + S = 22 + 1 + 13 + 22 + 13 + 22 + 18 = 111 (gematria por ordem).

CHAVES E ITINERÁRIOS

Nas páginas seguintes são propostas algumas chaves de leitura do Evangelho de São João.

Explicitar este ou aquele termo do vocabulário joanino ou situar determinado contexto pode, com efeito, facilitar a compreensão. Mas, quando temos a "chave", ainda falta encontrar a porta e abri-la... se tal for nosso desejo.

Da mesma forma, podemos reconhecer no Evangelho este ou aquele itinerário iniciático, sentir-nos em ressonância com este ou aquele arquétipo, mas ainda falta avançar. "O mapa não é o território". Esses itinerários devem ser verificados, ou seja, não só vividos, mas também compreendidos.

SETE PALAVRAS

"Se o grão de trigo não cair na terra
e não morrer,
ficará só.
Mas se morrer, produzirá muito fruto.
Quem fica apegado à sua vida
vai perdê-la;
mas quem não se apega à vida neste mundo
vai guardá-la para a vida eterna" (12,24-25).

Aqui, Ieschua apresenta a lei ontogenética fundamental: importa morrer para viver, importa mergulhar na terra para produzir frutos na luz.

Ele não há de contentar-se em afirmá-la, mas há de vivê-la e – após vinte séculos – leva-nos a contemplar a fecundidade de uma vida doada. Aquele que não arrisca sua vida, amando, corre o grande risco de ficar esclerosado, encarquilhado, e morrer antes de estar morto. Isso verifica-se em diferentes campos: evolução, economia, psicologia[1].

O grão de trigo é a centelha da divindade que deve ser mergulhada no obscuro, nos meandros do inconsciente, como o fermento na massa; aí, deverá perder a consciência de qualquer dualidade, ser uma só coisa com a terra, do mesmo modo que tinha sido uma só coisa com o céu. Deixar amadurecer essa semente de despertar, acreditar que irá crescer no momento em que exatamente já não temos consciência disso. E depois, quando chegar sua primavera, a hora de sua manifestação, deixar aflorar o sorriso de uma alegria incógnita,

---

1. Cf. LELOUP, J.-Y. "La Transmission de la connaissance dans le Christianisme". In: *Civilisations et Transmission de la Connaissance*. [s.l.]: Éd. de l'Ouvert, 1984.

passada pela "desestruturação-reestruturação" das profundezas, uma alegria que nada mais tem a aprender ou recear da morte.

O texto grego do Evangelho é, talvez, mais explícito do que nossas traduções habituais: em vez de "aquele que ama sua vida vai perdê-la", pode-se ler: "Aquele que se apega à sua 'psique' vai perdê-la". A palavra grega "psique" foi traduzida em latim por "anima" e, em português, por "alma" ou "vida".

A "psique" abrange o que, mais tarde, iremos designar por psiquismo, consciente e inconsciente, racional e irracional, com suas paixões, pulsões, concepções, ideologias, etc. Estar apegado a esse mundo psíquico pode ser um entrave ao despertar para o mundo espiritual, pneumático, que – para São João – é o único mundo real.

Ficarmos apegado às nossas representações, à grelha que projetamos sobre a realidade – determinada pela acuidade mais ou menos imprecisa de nossos instrumentos de conhecimento (sensoriais ou científicos) –, considerarmos isso o real é corrermos o risco de perder tudo porque, no momento do despertar, veremos que não existe o mundo tal como o imaginamos, assim como não existe a vida nem a identidade às quais estamos apegados.

Nossas representações não existem, elas não têm existência em si mesmas. Só existe o que *é*, para além de qualquer representação.

Aquele que não está apegado às formas, às representações que tem do real, possui mais possibilidades de contemplá-lo "tal como ele *é*".

Conservar nossa psique para a vida eterna conduz-nos, portanto, a afirmar: preservarmos nosso psiquismo de qualquer definição, de qualquer apropriação do real, seja através da linguagem ou da afetividade. Conservá-lo no aberto, disponível para uma vida não representada e, aliás, não identificável, porque não é determinada pelo espaço-tempo.

Aquele que não está apegado à sua visão "psíquica" do mundo e da vida, e aquele que é capaz de suportar a "morte" de suas representações e identificações poderá nascer, então, para uma nova consciência, entrar na dimensão "pneumática" ou espiritual de seu ser, entrar no campo da não morte, da não temporalidade, a que Ieschua dá o nome de vida eterna para distingui-la (mas não para separá-la) da vida temporal, porque é no próprio âmago dessa vida passageira, "psíquica", que poderá ser produzido o despertar e a gênese de nosso ser de luz.

> "O *Pneuma* é que dá a vida,
> a carne nada conhece.
> As palavras que vos tenho dito
> são Sopro e vida" (6,63).

A tradução habitual: "o espírito é que dá a vida, a carne de nada serve. As palavras que vos tenho dito são espírito e vida", não leva em consideração o poder do termo "Pneuma" – o sopro (em hebraico, *ruah*); projetando nele as categorias da antropologia platônica ou cartesiana, corremos o risco de ler, nessa passagem, uma confirmação do dualismo "corpo-espírito", sendo que o corpo é o túmulo da alma e o espírito a ponta fina da alma, única parte verdadeiramente humana e verdadeiramente divina do homem. Existe antagonismo entre esses dois aspectos – o homem está dilacerado entre a matéria e o espírito, a carne e a razão etc.

Ieschua acaba de fazer um discurso "difícil de entender" para as pessoas que estão à sua volta e vários de seus discípulos chegam mesmo a pensar em abandoná-lo.

Ieschua lhes disse:

> "Se não comerdes a carne do Filho do Homem
> e não beberdes o seu sangue,
> não tereis a vida em vós.
> Quem come minha carne e bebe meu sangue
> tem a vida eterna.
> Eu o ressuscitarei no dia por vir.
> Porque minha carne é verdadeiramente comida
> e meu sangue é verdadeiramente bebida.
> Quem come minha carne
> e bebe meu sangue
> permanece em mim,
> e eu nele" (6,53-56).

É bem evidente que tais palavras tomadas ao pé da letra fazem pensar na antropofagia ou no "canibalismo".

Em um sentido espiritual, podemos compreender que o Cristo pede-nos para que o assimilemos totalmente, para fazermos "nosso" seu ensinamento, a fim de que suas palavras se tornem nossa carne e nosso sangue, nossa vida cotidiana, a fim de que seu Sopro (seu *Pneuma*) seja nosso sopro, a fim de que sua vida seja nossa vida.

O ritual da Eucaristia que ele irá instituir, antes de entrar na paixão, tem como objetivo lembrar-nos que, de certa forma, temos de tornar-nos "consanguíneos do Cristo", e, por isso mesmo, é que nos tornamos consanguíneos uns dos outros, pertencemos à mesma família – à "raça de Deus", dirá São Paulo.

Ieschua não nos diz que a carne é má, que é o túmulo da alma, mas afirma que "ela nada conhece".

Nada conhece "por si mesma", e é verdade que uma matéria, se não for animada, informada a partir de dentro, acabará por decompor-se em seus diferentes elementos. Uma matéria sem informação, sem alma ou sopro, já não é um corpo, mas um cadáver.

Da mesma forma, se lermos as Escrituras "ao pé da letra", podemos passar ao lado do Sopro que as anima. É necessária uma "afinação entre os sopros e as inteligências" para chegar à sua compreensão. Ainda mais grave: podemos servir-nos da letra das Escrituras para julgar, condenar, matar, em vez de transmitir o Sopro e a vida que elas contêm, porque Deus falou "para que tenhamos a vida e a tenhamos em plenitude" (10,10). São Paulo dirá também que "a letra mata e que é o Espírito que dá a vida". Mas, longe de instaurar um dualismo ou um desprezo pela carne e pela letra, Ieschua convida a introduzir nelas o *Pneuma* que "dá a vida".

Não se deve adorar as pedras do templo, também não se deve cuspir nos altares, o templo está aí para acolher o Espírito, não para confiná-lo ou contê-lo. Do mesmo modo, não se trata de idolatrar a letra das Escrituras ou menosprezá-la, mas coletar nela o Sopro, o sentido que há de orientar nossa vida. Ainda, do mesmo modo, não se trata de idolatrar o corpo humano e a matéria ou considerá-los como inimigos ou "depravados", mas trata-se de reconhecer neles a presença de um Sopro, de uma vida, que não passam.

"A carne nada conhece": o finito não pode compreender o infinito, o tempo não pode apreender o eterno, mas a carne que acolhe o *Pneuma* torna-se capaz de conhecimento. Não se trata de negarmos ou confinar-nos na história, mas de abri-la para "algo diferente" do tempo. Esse "algo" recebe de São João o nome de *Pneuma*, Sopro, que vem de alhures, de uma outra consciência, Sopro que vem do outro que Ieschua chama seu Pai.

> "Por isso, vos disse: ninguém pode vir a mim, se não lhe for concedido pelo Pai" (6,65).

Ninguém poderá conhecer o Eu Sou essencial de seu ser se não estiver animado do Sopro que vem da origem.

Abrir os olhos não cria a luz.

Ninguém conseguirá despertar se não lhe for concedido o dia.

> "Deixo-vos a paz,
> eu vos dou a minha paz.
> Não como o mundo dá,
> eu vo-la dou.
> Que vosso coração deixe de perturbar-se
> e intimidar-se" (14,27).

A paz que o Cristo nos dá não é a paz dos tranquilizantes, não é um conforto, uma segurança que possa ser adquirida pela acumulação de bens ou por uma técnica de autoapaziguamento. Não é a paz que o mundo do ter, do saber ou do poder pretende nos dar.

É a paz do ser, o olho do ciclone, que permanece imóvel quando tudo à volta é turbulência, uma paz que não depende das circunstâncias, não condicionada, não provocada pelo exterior. Se a paz que o Cristo veio transmitir-nos estivesse no mundo, ela seria tão frágil quanto este mundo passageiro.

A paz do Cristo é seu outro, é aquele que ele chama seu Pai. A paz é alguém – e não uma sensação, um sentimento, um clima psíquico. É um outro, cuja "outridade" é inalienável, transcendente.

Posso sofrer em meu corpo, estar magoado em meus sentimentos, perder a memória ou a razão, tudo isso não impedirá Deus de ser Deus. Isso explica que podemos estar em paz espiritualmente e, ao mesmo tempo, perturbados do ponto de vista psíquico. Uma coisa não é a garantia da outra. Conhecemos, igualmente, pessoas "psiquicamente" muito fortes que não se deixam tocar ou perturbar por nada e que, assim, mantêm as aparências da paz, mas que estão "espiritualmente" mortas. Contra essa "falsa paz", o Cristo ergueu a espada de sua palavra, porque nada de mais grave poderá acontecer-nos a não ser deixar-nos confinar na paz ilusória e tola de uma auto-hipnose.

É preferível a insegurança, as tempestades e as dificuldades psíquicas que isso pode implicar; pelo menos, tal situação desperta em nós o desejo de uma paz e de uma bem-aventurança verdadeiras "não geradas – não criadas" que não hão de morrer como tudo o que é "gerado e criado".

Desejo do outro em quem "nosso coração deixe de perturbar-se e de intimidar-se". "Seu Pai e nosso Pai, seu Deus e nosso Deus" – o incógnito que nos guia, nos conduz e do qual não chegamos a ter consciência.

Se tivéssemos consciência disso, se estivéssemos despertos para o seu poder, estaríamos em paz porque seu ser é paz.

Se tivéssemos consciência disso, deixaríamos de pensar em nós mesmos, já não estaríamos "sob a influência do pequeno ego".

Eis aí um dos segredos da paz que o mundo (o mundo do ego) não pode dar.

> "Recebei o Espírito Santo.
> Àqueles a quem perdoardes os pecados,
> serão perdoados.
> Àqueles a quem não perdoardes,
> não serão perdoados" (20,22-23).

Após a ressurreição, Ieschua transmite seu Sopro aos discípulos. "Recebei o Espírito", ou seja: Recebei o *Pneuma*, meu poder, minha energia.

Esse poder e essa energia são poderes de libertação. Ieschua não envia os discípulos para julgar ou condenar, mas para perdoar. Deseja que o homem seja para o homem o instrumento do perdão de Deus. Do mesmo modo que deseja que o pai e a mãe da criança sejam os instrumentos de sua fecundidade criadora. Os cristãos, talvez, não tenham nada mais a fazer no mundo do que manifestar a misericórdia de Deus e, assim, libertar os homens de seus mais antigos e loucos sentimentos de culpa.

> "Sede seres de bênção! Abençoai, em vez de amaldiçoar... "

Mas existe esta terrível advertência:

> "Àqueles a quem não perdoardes, não serão perdoados".

O não perdão não somente nos aliena, mas também aliena os outros.

Os cristãos, talvez, aprenderam demais a julgar, a condenar, a ver tudo o que existe de imperdoável neles e no mundo, como se já não bastasse o fato de termos nascido para nos sentirmos culpados! (Seja por "culpa de meus pais" ou por "minha culpa", segundo as teorias cármicas, o fato de termos nascido é sempre uma culpa!). Não aprendemos suficientemente a arte de abençoar em todas as circunstâncias, até a derradeira circunstância: "Deus deu, Deus retomou, bendito seja Deus".

A arte de perdoar é, antes de tudo, a arte de aceitar o outro tal como é, dar-lhe o direito ao erro, permitir que seja uma criatura falível e imperfeita. No entanto, perdoar não quer dizer desculpar ou justificar seja o que for, mas ter suficiente amor para compreender que, efetivamente, "tudo" pode acontecer, mas saber e, às vezes, pedir que tudo possa mudar.

Paul Ricoeur observou que o homem contemporâneo está confinado no sentimento de culpa porque não existe juiz mais poderoso do que ele próprio, do que sua própria consciência. Com toda a certeza, uma psicanálise bem conduzida pode reduzir a culpabilidade neurótica, mas conseguirá atingir a raiz? Não irá segregar uma outra mais sutil pela qual alguns hão de culpabilizar-se por "se sentirem culpados"?... Narciso só escapa de sua imagem afogando-se, do mesmo modo que o psicótico só escapará de seu sentimento de culpa e de sua dor soçobrando na inconsciência.

É ainda em São João que encontramos a palavra que os cristãos deveriam ter empenho em citar com a maior frequência possível no ministério da reconciliação:

> "Se teu coração te condena,
> Deus é maior
> do que teu próprio coração" (1Jo 3,21).

De que Espírito somos? De que Sopro? Que palavra recebemos de Ieschua?

"Perdoar até setenta vezes sete vezes" ou condenar incessantemente e envenenar nossa vida e a dos outros? No entanto, devemos saber o seguinte: o perdão não é natural. É "normal" que não perdoemos àqueles que nos caluniaram, nos destruíram ou destroem os outros. O que é "normal", o que é "são" e natural é o seguinte: "olho por olho, dente por dente", dirá qualquer psicólogo, não transviado nos meandros da sublimação da agressividade. Para perdoar, devemos fazer apelo em nós a algo maior do que nós. "Quem pode perdoar, a não ser unicamente Deus?"

Ao pedir-nos para perdoarmos, Ieschua deseja fazer de nós não só filhos do homem, mas filhos de Deus.

Misericórdia é divinização do homem.

O primeiro passo em direção de tal divinização é dar-nos conta de que somos incapazes de perdoar, antes de tudo, de perdoar a nós mesmos, de limitar-nos a ser o que somos. O começo do perdão é receber o Espírito Santo que nos faz viver – respirar – amar, em um Self maior do que nosso "ego" ou, para retomar a terminologia bíblica: "em um coração maior do que nosso coração".

> "Se permanecerdes em minha palavra,
> sereis meus discípulos.
> Conhecereis a verdade.
> A verdade vos libertará" (8,31-32).

"Permanecer na palavra" – é um tema que se repete, frequentemente, no Evangelho de São João. Trata-se de estar cada vez mais "informado" no sentido quase genético do termo pelas palavras de Ieschua, para tornar-nos semelhantes a ele e, assim, tornar-nos discípulos do Logos, dos seres habitados pela inteligência e pela harmonia criadora.

A prática, ou seja, a verificação no cotidiano das informações evangélicas, irá conduzir-nos à experiência da "aletheia" – esta palavra que, habitualmente, é traduzida por verdade, quer dizer "desvelamento do ser, saída do *lethe*, o esquecimento do ser verdadeiro"; com efeito, escutar e pôr em prática as palavras do Cristo é um meio hábil para nos conservar na memória concreta do ser e libertar-nos do esquecimento ou da ignorância do que vivemos realmente em nós e através de nós.

Esse estado de "aletheia" – estado de despertar e de vigilância – torna-nos livres. Em primeiro lugar, livres da ignorância de nosso ser verdadeiro; em seguida, livres das marcas e memórias que, incessantemente, projetamos sobre o real. A palavra do Cristo é convite concreto ao amor. Ao pedir-nos para amar "o que é", em vez do "que deveria ser", ela não nos permite afastar-nos do real.

O real é o outro, amado na essência de seu ser* e em sua outridade; nada poderá obrigar-nos a amar dessa forma, nada poderá impedir-nos de fazê-lo, somos livres para preferir o real.

Nada poderá obrigar-nos a sermos verdadeiros, nada poderá impedir-nos de sê-lo, somos livres para sermos fiéis a nós mesmos, ao que há de maior, de mais amante, de mais inteligente em nós (o Logos, o *Pneuma*, as dimensões divinas de nosso ser).

Para quem vive a partir desse centro transcendente de si mesmo, "já não existe lei", mas fidelidade – instante após instante – à verdade do seu ser.

---

* No original, *Êtreté* [N.T.].

"Em verdade, em verdade, vos digo:
Todo homem que se entregar ao pecado
é escravo do pecado.
Ora, o escravo não fica na casa;
o Filho, sim, fica para sempre.
Se o Filho vos libertar,
sereis verdadeiramente livres" (8,34-36).

Entregar-nos ao pecado *(amartia)* é vivermos no esquecimento do ser, é afastar-nos da finalidade para a qual somos criados (literalmente, é "não acertarmos o alvo"), é vivermos em um estado de não verdade, de "não aletheia", ou seja, de não vigilância, de não despertar. É vivermos adormecidos na superfície de nós mesmos, embalados ou dilacerados por nossas ilusões, sermos escravos de uma falsa imagem de nós. Quem ignora seu mais profundo desejo torna-se escravo de seus "pequenos desejos", quem ignora sua mais profunda bem-aventurança torna-se escravo de seus "pequenos prazeres", fica condicionado, acorrentado, por eles: se vier a sentir sua falta, julgará que é o ser que lhe faz falta.

De quê, de quem somos escravos, senão de nós mesmos, de nossa maneira de ver as coisas?

Grandes testemunhas dizem-nos que podemos ser livres em uma prisão e conservar a dignidade de nosso olhar; podemos ser livres diante de inimigos que nos destroem, livres para perdoar-lhes "porque eles não sabem o que estão fazendo", assim como podemos viver em um mundo sem obrigações e sermos escravos de nossas pulsões, de nossas paixões, de nossas ideias e das ideias correntes. O escravo não habita na casa do ser. O Filho mora aí, ou seja, nossa filiação, nossa ligação com o ser verdadeiro. Somente um homem que é verdadeiro, um consigo mesmo – sejam quais forem as incompreensões que o rodeiam –, pode dizer-se livre, está apoiado em algo que não pertence ao espaço-tempo.

Nossa filiação ao ser, nossa ligação à fonte incriada da vida, torna-nos realmente livres, no sentido de que, daqui em diante, fazemos parte da liberdade criadora que engendra os universos.

O filho de Deus em nós é infinitamente livre. Já não é escravo de suas necessidades, mas "sujeito" de seu desejo.

Quem poderá obrigá-lo, impedi-lo de desejar e amar o que é? Além disso, tal desejo totalmente harmonizado com o real é – ele próprio – infinitamente libertador: amando e aceitando os seres tais como são, ele permite-lhes que evoluam em direção do melhor que existe neles e, finalmente, que se deem em seu ser verdadeiro, em sua inalienável liberdade.

> "Eu vos proponho uma nova experiência:
> Amai-vos uns aos outros,
> assim como eu vos amo. Amai-vos também uns aos outros.
> Todos saberão que sois
> meus discípulos pelo seguinte:
> por esse 'ágape' que tereis
> uns pelos outros" (13,34-35).

Em geral, este trecho é traduzido da seguinte forma: "Eu vos dou um novo mandamento". O termo hebraico para "mandamento" é "mitswah". Cada "mitswah" é um exercício que Deus propõe a seu povo, para trazer sua presença, a *Shekinah*, para a terra, a fim de saturar o cotidiano com o eterno. Eis o único objetivo dos preceitos da lei.

Também Ieschua propõe uma experiência que ele qualifica de "nova". Propõe, não impõe nada, porque se há algo que não é possível dirigir é realmente o amor.

Obrigar alguém a amar-nos é, por essa mesma razão, impedir tal pessoa de fazê-lo. Mandar os discípulos que se amem é, mais tarde ou mais cedo, torná-los hipócritas que "irão obedecer ao mandamento" quando, afinal, não existe amor em seus corações.

O Cristo não disse "amarás", no sentido de que "deves", "é necessário amar", mas no sentido de "podes" – "és capaz" – de amar. Assim, "amarás" já não é uma palavra de obrigação, mas uma palavra de esperança. "Tentem". É amando que amareis e conhecereis o amor que senti por vós. "Eu vos proponho uma nova experiência".

Em que aspecto essa experiência é nova?

Não será verdade que o amor é tão velho como o mundo? Os "mitswot" (os mandamentos) não serão exercícios conhecidos por todos, pelos quais "o coração de pedra pode tornar-se um coração de carne", ou seja, capaz de amar a Deus?

Para os homens da Bíblia, "o coração duro" ou "o coração de pedra", a pior das doenças, a esclerose do ser e da vida, é uma falta de "exercício". Os preceitos (mitswot) são outros tantos meios de tornar o coração flexível, conservar-lhe a saúde e a vida, porque "aquele que não ama, permanece na morte".

No entanto, Ieschua fala de "novidade", não só no sentido em que o amor deveria ser sempre novo (não se ama com a memória e cada encontro deveria ser como se fosse a primeira vez, já que esse preciso instante nunca existiu antes e nunca existirá depois).

A novidade do exercício que Ieschua propõe aparece no vocabulário que ele utiliza, vocabulário ao qual as traduções são, infelizmente, pouco sensíveis: a palavra "amor" não dá conta da qualidade e do tipo de amor que Ieschua propõe aos discípulos.

Em grego, faz-se a seguinte distinção: o amor – desejo do inferior pelo superior *(Eros)*; o amor – amizade, amor de igual para igual *(Philia)*; e o amor gratuito, o amor de superabundância para o qual os gregos tiveram de forjar uma palavra "nova" na medida em que essa gratuidade ou "graça" ainda não tinha encontrado lugar em sua filosofia: a palavra *ágape*.

Ora, no grego do Evangelho, São João não fala de "Eros", nem de "Philia", mas emprega essa palavra "nova": *ágape*.

Assim, Ieschua pede aos discípulos para que façam a experiência não só do desejo ou da amizade, mas que tentem amar gratuitamente, "por nada", pelo prazer de "deixar ser o amor que é Deus" viver em nós. Amar o outro tal como é, sem nada esperar de volta: "o amor é, por si só, sua própria recompensa", como ele próprio amou de modo gratuito, generoso, até "dar a vida pelos amigos".

Ieschua não nos pede para nos apaixonarmos uns pelos outros, para nos desejarmos com paixão ou ternura. Não nos pede para nos forçarmos a ser amigos de nossos inimigos, a beijarmos na boca os que não cessam de vomitar-nos. Ele fala de "ágape", de aceitação sem retribuição do outro, seja ele quem for, tal como é, amá-lo não por si – como Narciso que procura por toda parte um espelho, ou como uma criança que procura por toda parte a mãe ou o leite de que ainda não está desmamado –, mas amar o outro por ele mesmo, desejar o que ele é, desejar sua independência, sua liberdade e, sobretudo, sua salvação que é libertação de tudo o que o oprime, o faz sofrer, tudo o que impede seu coração e sua inteligência de "viver ao largo".

"Ágape allelous": cuidai uns dos outros, respeitai-vos mutuamente, curai-vos do sofrimento e da desgraça.

> "Por esse *ágape* que tereis uns pelos outros, todos saberão que sois meus discípulos".

Discípulos de um amor libertado dos entraves do ego, que dá testemunho de uma grande novidade, de uma "gratuidade" que não é deste mundo. O amor simples e gratuito, sem demanda, nem expectativa, que transborda do coração com lucidez e ternura, esse amor testemunha de uma fonte diferente da fonte de nossas carências...

Assim, a comunidade dos discípulos não pode tornar-se uma comunidade do tipo "fusional" (e, portanto, regressiva), nem do tipo militar ou hierarquizada, mas uma comunidade de liberdades, de personalidades adultas, em via de libertação de seus desejos, sendo que o "Eros" e a "Philia" ainda são "desejo do desejo do outro".

Quanto à "ágape", é simplesmente "desejo do outro". Existe aí verdadeiramente "novidade", transmutação das próprias estruturas do psiquismo, abertura para uma função que transcende e, ao mesmo tempo, realiza o desejo.

Será que as comunidades cristãs dão testemunho dessa maturidade e desse calor não alienante que pressupõe a "ágape"? Ou, pelo contrário, são sociedades perversas que manipulam os desejos em nome de um amor que ainda não foi purificado de seus narcisismos e de sua vontade de poder?

Sem dúvida, importa voltar à palavra evangélica e, apesar das toneladas de ambiguidade produzidas durante os séculos em torno dessa mensagem, tentar abrir-nos à sua novidade: amar da forma mais gratuita e mais concreta possível, com ternura e lucidez, "fazer a experiência", tentar vivê-la: aprender a amar.

DUAS MULHERES

A mulher adúltera

> "Então, os *sopherim* e os *peruschim*
> trouxeram uma mulher
> apanhada em flagrante adultério" (8,3).

Os *sopherim* e os *peruschim* são os sábios de Israel: conhecem a Torá, interpretam-na com todo o rigor e tentam colocá-la em prática. São considerados e consideram-se como justos, guardiões da lei e da ordem divina sem a qual seu povo não poderá subsistir, sendo que Israel encontra sua coerência e unidade na fidelidade às palavras transmitidas por Moshé. Para eles, o adultério é considerado uma falta grave.

Tanto o Levítico, como o Deuteronômio, indicam com precisão as regras do comportamento "justo", particularmente no que diz respeito à alimentação e às relações sexuais. Em suma, Israel é um povo "santo", o que quer dizer "outro", "diferente". Deve manifestar sua diferença, sua "outridade", na vida cotidiana, o que há de torná-lo "inassimilável" às outras nações. Os israelitas não devem comer qualquer alimento ou de qualquer maneira, assim como não devem ter relações sexuais com qualquer pessoa ou em qualquer hora. "Não imiteis as práticas do Egito, onde morastes; não imiteis as ações praticadas em Canaã" (Lv 18,3).

Se fizerdes isso, estareis menosprezando a santidade de Israel, estareis liquidando o espírito de vossos pais, portanto, sereis passíveis de morte. É nesse contexto que se deve situar o encontro de Ieschua com a mulher adúltera.

Ter relações sexuais com um animal, com um homem quando se é homem, com o pai ou a mãe, com a mulher do próximo ou com o marido de outra mulher, todas essas "cópulas" são sancionadas com a morte:

> "Se um homem dormir com outro, como se fosse com mulher, ambos cometem uma perversidade e serão punidos com a morte, seu sangue cairá sobre eles...
>
> A mulher ou o homem que se aproximar de um animal qualquer para copular, ambos serão mortos, seu sangue cairá sobre eles...
>
> O homem que tiver relações com a madrasta desonra o próprio pai; ambos serão punidos com a morte, seu sangue cairá sobre eles...
>
> O homem que comete adultério com uma mulher casada; o homem que comete adultério com a mulher do próximo, ambos os adúlteros serão punidos com a morte" (Lv 20,10s.).

Na situação dessa mulher que está diante de Ieschua, a sentença é clara:

É o próprio Deus que a pronuncia pela boca de Moshé:

> "Se um homem for apanhado dormindo com uma mulher casada, ambos serão mortos: o homem que se juntou com a mulher e a mulher. Assim, extirparás o mal de teu meio" (Dt 22,22).

– O texto de São João nada nos diz a respeito do homem adúltero... Já teria sido morto? Teria conseguido fugir, correndo o risco de perder a alma, tornando-se como os "goim", ou seja, os pagãos impuros que têm relações sexuais com qualquer pessoa e em qualquer momento? Teria ousado dormir com uma mulher durante a menstruação sem ficar intimidado com o castigo? Para os *sopherim* e os *peruschim*, em vez de imaginar tal infâmia, é preferível pensar que ele já está morto, que já lavou seu pecado sendo apedrejado.

Agora, ocupemo-nos da mulher... Mas antes de infligir-lhe o justo castigo prescrito pela lei, perguntemos a Ieschua o que pensa sobre o caso; assim, veremos em nome de que Deus ele fala:

> "Colocaram-na no meio do círculo e disseram a Ieschua:
> – Rabi, esta mulher foi surpreendida em flagrante adultério.
> Na Torá, Moshé nos manda apedrejar
> essas mulheres; mas, tu o que dizes?
> Perguntavam isto para testá-lo, a fim de terem do que o acusar.

Ieschua, porém, inclinou-se e começou a escrever com o dedo no chão" (8,3-6).

– A atitude de Ieschua é estranha, inesperada, ele baixa os olhos, não fulmina a mulher com seu belo olhar, não a apedreja como os outros com olhos de pedra, onde se misturam os sílex do ódio e da cobiça. Ieschua baixa os olhos, não olha para o mal, toca na terra.

Mestre Eckhart diz que "Deus não olha para o mal, não se interessa por nossos pecados" (ele também foi condenado por ter dito isso).

Deus não olha para os esgares do homem. Interessa-se pelo rosto, por detrás do esgar, para além da máscara de prazer ou dor; contempla o verdadeiro rosto do homem "à sua imagem e semelhança".

Ieschua é como Deus, não olha para o mal; isso não quer dizer que o ignore, mas onde os outros veem uma adúltera, ele enxerga uma mulher; onde os outros veem uma caricatura, ele enxerga um rosto. E, nessa assembleia barulhenta, duas pessoas permanecem silenciosas, estão sozinhas. Sem dúvida, estão sofrendo porque, afinal, aprendemos a julgar os outros para não termos de sofrer com nossas dificuldades.

Ieschua sabe que, além de infeliz, essa mulher é também corajosa porque, apesar dos riscos do adultério, não renunciou a seguir seu desejo e a procurar o amor.

Será que, pelo menos, encontrou o amor junto desse amante? Terá saboreado essa vida, nem que fosse por um instante, para esquecer as cercanias da morte? Ou "enganou-se" uma vez mais? Ieschua sabe que essa mulher é infeliz e é a humanidade inteira que procura a felicidade e o amor e não os encontra em casa, já não os encontra em si. "Ele veio ao mundo não para julgar ou condenar, mas para que o mundo seja salvo" (Jo 3,17). O adultério é enganar-se a si mesmo, procurar a felicidade fora de Deus exatamente onde não é possível encontrá-la, procurar o amor onde só podemos ficar decepcionados porque esse amor, essa felicidade, não são o próprio ser, o infinito. O obscuro objeto de nosso desejo é esse infinito e nenhum ser finito, por mais belo que fosse, não poderia satisfazê-lo. A humanidade torna-se adúltera e infeliz quando deixa de procurar Deus em Deus e quando toma a criação e as criaturas pelo criador.

O adultério é enganar-se de realidade, tomar o irreal pelo real.

Ieschua está aí, no meio deles, para revelar-lhes qual é o verdadeiro bem, a verdadeira felicidade, para salvá-los do adultério, da ilusão.

Em que estará pensando quando inclina o rosto e escreve com o dedo no chão?

Talvez esteja cansado com todas essas observâncias a respeito da comida, da bebida e das relações sexuais. O essencial não estará alhures? Tudo é puro para aquele que é puro, tudo é sujo para aquele que tem o coração viciado. Quantos amplexos íntimos com a mulher ou o marido "legítimos" não estarão manchados pela falta de amor? Quantas pessoas deitam-se na mesma cama e adormecem com outros sonhos? Aquela ou aquele que temos em nossos braços nem sempre é aquele ou aquela que está no nosso pensamento e no nosso desejo. E, afinal de contas, o que é que ele sabe a respeito do casamento? Acerca de seu enfado e, às vezes, de sua violência. As razões pelas quais as pessoas se casam nem sempre são aquelas pelas quais continuam casadas.

Conhecedor do coração do homem, quantos casamentos felizes, paixões duradouras, chegou a conhecer?...

Ao desenhar na areia, talvez estivesse procurando contá-los... Talvez ainda estivesse pensando no sofrimento dessa mulher que se tinha deixado seduzir... No deserto de sua vida conjugal, ela tinha acreditado em uma miragem de ternura, procurando naquele que estava de passagem algumas horas de oásis...

Se Ieschua tentava compreender a mulher, também procurava compreender os *peruschim* e os *sopherim*. O casamento é algo de sagrado; na união do homem com a mulher, Deus está realmente presente. Em cada uma de suas relações, ele prossegue sua obra criadora e inscreve seu júbilo, inclusive nos corpos. "Não se deve separar o que Deus uniu" (o que o amor uniu porque "Deus é amor"). Mas quando Deus não é convidado para as núpcias, quando o vinho falta e o amor está ausente? Por esse motivo, não estará o casamento "dissolvido", uma vez que Deus já não se encontra aí para "unir"?

Ieschua compreende os *sopherim*: se, no casamento, já não se "sente" amor, isso não quer dizer que o amor esteja ausente. Existem graus de despojamento; não permanecemos fiéis ao outro só porque nos sentimos apaixonados por ele e porque ele ocupa todo o nosso desejo, mas também porque "queremos" amá-lo, o amor sensível pode tornar-se um amor voluntário. Nesse caso, tornamo-nos capazes de transcender nosso próprio prazer e desejar o outro em sua "outridade". O amor de criança que procura sempre satisfazer suas próprias carências torna-se amor de adulto capaz de assumir suas próprias carências e pensar nas do outro...

Ieschua compreende os *peruschim* e os *sopherim*, seu ideal do casamento e da fidelidade, mas conviria casar-se em idade adulta, esperar que o princípio de realidade leve a melhor em relação ao princípio de prazer[2]. Para alguns, conviria esperar muito tempo; nesse caso, "seria preferível não se casar", dizem os discípulos...

O adultério acaba também por perturbar a ordem social; isso pode engendrar o crime, os ajustes de contas. Famílias vão lutar contra famílias. Tal comportamento pode quebrar a unidade da nação; é preferível que um homem e uma mulher morram...

Ieschua compreende tudo isso. Não julga nem uns nem os outros. Continua a olhar o chão, o pó de que o homem é formado. Quem colocou nesse pó tais aspirações, tais exigências?

Mantém-se em silêncio, escuta a voz de Deus que está nele e fica surpreendido que essa voz possa dizer, em um só sopro: "não matarás" e ordena a morte dos adúlteros...

---

2. Segundo Françoise Dolto: "Cobiçar a mulher do outro é reviver, sem o saber, seu édipo que consiste em cobiçar a mulher do outro (a mãe) ou o marido da outra (o pai). Ter acesso a tal cobiça é ir contra a ética, a moral que interdiz o incesto". In: *L'Évangile au risque de la psychanalyse*. T. 2. Paris: Delarge, 1978, p. 85.

Do mesmo modo que pode haver uma forma de "prostituição legal" no casamento, não haveria uma prática do "assassinato legal" na fidelidade aos mandamentos?

Isso permitia satisfazer, sem deixar má consciência, as pulsões de morte e de violência que se encontram no homem. Ao mesmo tempo, lembrando que, em uma sociedade ideal onde reinasse a Torá já não haveria necessidade de matar, mas enquanto o mal estiver no meio do povo importa extirpá-lo, convém retirar a maçã podre da cesta, caso contrário, ela ameaça contaminar todas as outras. Enquanto houver no mundo um só homem, uma só mulher depravados, o preceito "não matarás" continuará sendo um sonho.

Silenciosamente, Ieschua mantém-se inclinado sob o peso dessa divina contradição: "Não matarás" – "Conduzireis os impuros às portas da cidade e os apedrejareis até que morram" – "Farás desaparecer o mal do meio de ti".

No entanto, nessas palavras, ele escuta uma coisa diferente da que é entendida pelos *sopherim* e pelos *peruschim*; talvez entenda o que será o núcleo de sua missão: "Farás desaparecer o mal do meio de ti". Onde os *peruschim* entendem: "Farás desaparecer a falta, o pecado e os pecadores do meio de ti", Ieschua entende: "Farás desaparecer a desgraça do meio de ti".

Onde os *peruschim* veem uma falta que deve ser condenada, Ieschua enxerga uma desgraça que deve ser curada. Eles olham para o pecado, mas não veem o sofrimento. Ieschua enxerga o sofrimento e baixa os olhos diante do pecado. Em vez de procurar matar a mulher, ele tenta o meio de curá-la, libertá-la, porque "Deus não tem prazer com a morte do pecador, mas deseja que ele viva". Não é possível libertar-nos de um desejo a não ser por um desejo maior; não é possível ficar livre de um amor a não ser por um amor ainda maior.

E eis que a mulher adúltera sente-se, de repente, mais amada por Ieschua do que pelo marido ou pelos amantes. São João nada diz a respeito de suas lágrimas. Ela estava à espera da justiça, e encontra a misericórdia. Preparava-se para o julgamento dos homens, e encontra o julgamento de Deus. A terra está molhada com suas lágrimas; nesse caso, as palavras de Ieschua podem inscrever-se, em relevo, na areia:

> "Como insistissem em perguntar, ergueu-se e lhes disse:
> 'Aquele de vós que estiver sem pecado
> atire-lhe a primeira pedra'" (8,7).

> Aquele de vós que nunca olhou para uma mulher
> com cobiça, atire-lhe a primeira pedra.
> Aquele de vós que nunca foi infeliz,
> sedento de ternura, atire-lhe a primeira pedra.
> Aquele de vós que nunca se deixou seduzir
> por nenhuma miragem,
> Aquele de vós que nunca se enganou
> a si mesmo e nunca enganou os outros,
> atire-lhe a primeira pedra.
> Aquele de vós que está sem desejo, aquele que
> nunca tem dúvidas, aquele que
> nunca mentiu, atire-lhe a primeira pedra.
> Aquele de vós que nunca chafurdou
> nas sombras da noite, lance-lhe
> um raio de sua luz...

Ieschua leva cada um a entrar em seu próprio coração; e quantos descobrem que foram covardes demais por terem sido adúlteros, fracos demais por terem sido criminosos?...

Nesse caso, como poderiam julgar os outros?

Ieschua propõe que nos sirvamos da lei, não para julgar os outros, mas para conhecer-nos a nós mesmos. Os *peruschim* e os *sopherim* apresentam o espelho da Torá para que os outros se vejam nele e se sintam condenados; talvez não se sirvam suficientemente dele para olharem-se a si mesmos.

Por essa simples e fulgurante afirmação, Ieschua volta o espelho; assim, cada um, por sua vez – depois da mulher adúltera –, pode enxergar nele seu próprio rosto e os meandros de seu próprio coração.

> “Ao ouvirem isto, foram saindo um a um,
> a começar pelos mais velhos” (8,9).

São João observa que os primeiros a se retirar são os mais velhos, não porque teriam cometido mais pecados do que os outros (o que é também possível), mas sem dúvida porque, em sua idade avançada, há menos adultério reprimido e, portanto, menos violência; e depois, o sentimento da morte próxima, talvez, lhes tenha tirado o gosto de matar. Os mais jovens sentem mais dificuldade em ir embora; se essas mulheres deixarem de ser apedrejadas, eles terão de enfrentar seu desejo, sem qualquer ameaça para exorcizá-lo... Ainda não sabem que é o amor mais do que a ameaça do castigo que liberta da influência dos sentidos e dos vínculos da paixão... O amor é capaz de amar “um outro que ama um outro”, sem arrastar para o adultério...

Ainda não compreendem, mas deixam cair as pedras... De onde lhes vem, de repente, essa felicidade de encontrar nas mãos reabertas a carícia do vento?

> “Ieschua ficou só, com a mulher.
> Erguendo-se, disse-lhe:
> Mulher, onde estão eles?
> Ninguém te condenou?
> Ninguém, Senhor.
> Ieschua disse-lhe:
> Nem eu te condeno.
> Vai e, de agora em diante, não peques” (8,9-11).

Ieschua ergue-se como se estivesse saindo de um sonho. “Onde estão eles?” Sem dúvida, está feliz: não se serviram da Torá para acrescentar um assassinato ao adultério; não se serviram de Deus para matar com boa consciência.

Ao livrá-la do medo, ele pode olhar a mulher de frente e, de repente, hei-la lavada pelas águas vivas de seu olhar. Lavada e, ao mesmo tempo, queimada; ela compreende que o paraíso e o inferno são a mesma coisa: é o mesmo olhar que provoca a revolta dos que não querem mergulhar nele, e que ergue os que têm a ousadia de submergir nele.

"Mulher, onde estão eles?
Ninguém te condenou?" (8,10).

O único que poderia condená-la era ele, porque é o único que pousa nela um olhar sem sombras de cobiça, nem desejo de seduzi-la ou possuí-la.

Ieschua tem um olhar de criança surpreendida (seremos julgados por um olhar de criança). Eis a única questão que ele poderia formular-lhe: Mulher, já acabou teu sofrimento? Ainda te sentes infeliz? Será que agora sabes que o amor que procuras fora está em ti e enquanto não o tiveres encontrado em ti não conseguirás encontrá-lo fora? Se esse amor está em ti, és capaz de amar: sejam quais forem as circunstâncias, favoráveis ou desfavoráveis, nada nem ninguém poderá impedir-te de amar, tu és livre, és capaz de amar, inclusive teus inimigos, até mesmo teu marido...

"Vai e, de agora em diante, não peques" (8,11).

De agora em diante, não te afastes dessa fonte que está em ti, não passes "ao lado" do alvo de tua vida[3].

"Antes de tudo, procura o Reino", ou seja, o reino do Espírito em ti e "todo o resto te será dado por acréscimo".

Agora, vai! Não voltes para trás, o que passou, passou; eis que podes tornar novas todas as coisas.

Ieschua não confina a mulher no remorso ou no sentimento de culpa. Sua alegria consiste em vê-la andando, avançando, reaberta em seu desejo, esse desejo que, por um instante, ficou desorientado pelo adultério. Vai! Não percas teu tempo.

Tem confiança em Deus. O Mestre do impossível dar-te-á, todos os dias, a força para amar:

Vai! Sê feliz.

---

3. Do ponto de vista etimológico, o termo pecado – "hamartia" – quer dizer "errar o alvo".

A história não nos diz se ela o foi verdadeiramente; se ela voltou para a casa do marido; se este a perdoou ou se a porta permaneceu fechada.

– Ieschua deu uma orientação a seu desejo, não lhe disse exatamente o que ela "deveria" fazer.

Ela foi embora. Talvez ainda continue andando com o coração no aberto...

A Samaritana (4,1)

Para voltar à Galileia, Jesus "deve" *(edei)* passar pela Samaria. Poderia ter passado por outro caminho, por exemplo, seguir o vale do Jordão, como era feito habitualmente, e, assim, evitar esses "heréticos" – denominação dada aos *shomronim* (samaritanos) pelos *iehudim* (judeus).

A região da Samaria, chamada dessa forma por causa do nome de sua capital, fundada pelo rei Omri (886-875 a.C.)[4], corresponde ao antigo Reino israelita do Norte. No ano 722 a.C., os assírios apoderaram-se dela, deportaram uma parte dos habitantes e instalaram colonos. Quando o sumo sacerdote judeu João Hyrkan (134-104) conseguiu conquistar a região, a população local provinha de duas linhagens: a judaica e a pagã. Os descendentes dos israelitas tinham conservado sua fé ancestral, mas só reconheciam a tradição do Pentateuco e consideravam que seu Monte Garizim – onde tinha sido dada a bênção de YHWH para Israel – era o autêntico lugar de culto; além disso, elementos extraídos das religiões estrangeiras misturaram-se à sua crença.

Por esses motivos, os judeus consideravam-nos como cismáticos, para não dizer heréticos. Segundo Mt 10,5, Jesus recomenda aos discípulos para não passarem pela Samaria; segundo Lc 9,51-56, os discípulos que atravessam a região recebem um acolhi-

---

4. Cf. 1Rs 16,24.

mento mais do que reservado. Todavia, além de ter elogiado um samaritano, o único dos dez leprosos curados que mostrou reconhecimento pela cura, Jesus deu como exemplo, em uma parábola, o "bom samaritano", opondo-o aos levitas do templo[5].

Associado ao projeto de ir à Galileia, a passagem da Judeia para a Samaria faz pensar na profecia de Isaías, segundo a qual os dois reinos separados (Israel e Judá) seriam, um dia, reconciliados[6]. Diz-se aí que o rei justo em quem há de repousar o Espírito de Deus "reagrupará os banidos de Israel e reunirá os dispersos de Judá"[7].

É nesse contexto que se pode compreender o motivo pelo qual Jesus "deve" passar pela Samaria. Seu ensinamento não se dirige somente aos puros, aos perfeitos, mas também àqueles que são considerados como excluídos, "excomungados", porque tentaram viver sua fé no meio de nações pagãs.

E é a uma mulher da Samaria, ou seja, a uma herética, que ele irá revelar os mistérios da oração em "espírito e verdade".

Talvez que os ouvidos dessa mulher não estivessem fechados pela autossuficiência das pseudocertezas, mas permanecessem abertos à escuta, habitados por um desejo que a tornava suscetível de uma iniciação.

Com efeito, trata-se de um verdadeiro "itinerário iniciático" que descobrimos nesse relato de São João, extremamente bem construído. Pode ser também para nós – como foi para a samaritana – o caminho que leva dessa verdade adquirida, relativa, de que, supostamente, somos portadores, para uma verdade infinitamente mais elevada, ampla, que nos contém.

> "Fatigado do caminho, Ieschua sentou-se à beira do poço. Era quase a sexta hora [meio-dia]" (4,6).

---

5. Cf. Lc 17,11-19; 10,30-37.

6. DUFOUR, Xavier-Léon. *Lecture de l'Évangile de Jean*. Paris: Éd. du Seuil, 1988, p. 341.

7. Is 11,12. Cf. Os 2,2; Jo 3,18; 35,50; Ez 37,16-24.

Santo Agostinho dirá que, em Jesus, é Deus que está fatigado. Esse caminho é o dos séculos, dos milênios...

Está em busca de uma humanidade onde pudesse sentar-se – repousar – "Deus está em busca do homem"...

Na origem de uma autêntica experiência espiritual, existe, muitas vezes, essa descoberta que não somos nós que procuramos Deus, mas é Deus que nos procura. É difícil deixar-se encontrar, deixar-se amar "tal como somos". O caminho é longo antes de chegar a esse momento de aceitação total:

"Era quase a sexta hora" – "meio-dia", a hora em que o sol é abrupto e já não deixa lugar para a sombra. É a hora da sede e do desejo, o momento de uma lucidez que deixa poucas possibilidades para a mentira.

Estamos "à beira do poço". É aí que Ieschua espera por nós. No texto grego, o evangelista emprega a palavra "pegé" = nascente: Ieschua espera por nós na origem de nosso ser, onde exatamente é possível apreender a vida em seu primeiro movimento, em sua gratuidade.

O poço é também símbolo do coração humano. Trata-se de descer em suas profundezas para descobrir aí a nascente. Sentar-se à beira do poço é colocar-se em posição de escuta e ressonância para ouvir a voz ou o murmúrio que sobe do fundo das águas: "Dá-me de beber" (4,7).

Estranho paradoxo. É a água que pede para beber...

É a nascente que tem sede de ser bebida... Assim, podemos compreender o apelo de Deus: a nascente pede para ser reconhecida, pede um tempo, atenção. "Dá-me de teu silêncio, da tua solidão", e é sempre uma surpresa sentir-se, assim, interpelado do fundo do ser, nesse ato de lucidez, de aceitação e de concentração ao meio-dia, perto da nascente, sentir-se assim esperado, desejado, por mais Self do que si mesmo e pelo inteiramente outro que não si mesmo, pelo incógnito das profundezas. E desse primeiro despertar surge o espanto: por que "eu"?

"A mulher lhe responde:
Como é que tu, um *iehudim*,
pedes de beber
a mim, que sou samaritana?" (4,9).

Como é que tu que pertences à classe dos sábios, dos justos, dos eleitos, como é que tu me falas, a mim, que sou samaritana, uma herética, uma excluída? "Com efeito, os *iehudim* (judeus) não se dão com os *shomronim* (samaritanos)" (4,9).

Literalmente: não têm coisas em comum. Tudo o que um samaritano toca é considerado por um judeu como impuro. Em um nível espiritual, poderíamos dizer que a criatura fica espantada por sentir-se, assim, chamada para uma "outra dimensão", porque "o criador e a criatura são totalmente diferentes, portanto, não mantêm relações entre si", sobretudo se essa criatura leva uma vida considerada como "impura"...

Ora, eis que se estabelece a relação. O contato com a alteridade radical revela-se possível... Dessa experiência pode nascer o que Maslow chama "o complexo de Jonas": um dia, Jonas recebeu a ordem de Deus para dirigir-se a Nínive, a grande cidade, para anunciar-lhe que deveria converter-se. Mas, achando a missão bastante difícil ou elevada demais, ele fugiu em direção de Társis... "Isso é lindo demais, é grande demais para mim" – tais são as palavras "sintomáticas" do complexo de Jonas. Não ter a ousadia de acreditar na possibilidade desse encontro, dessa união com aquele que se encontra na origem.

A resposta de Ieschua para esse espanto tímido é um passo a mais na espessura das revelações que ele comunica:

"Ieschua lhe disse:
Se conhecesses o dom de Deus
e quem é que te diz:
'Dá-me de beber',
serias tu que lhe pedirias,
e ele te daria água viva" (4,10).

Se tivesses "a gnose da *ágape*", o conhecimento desse ser que é amor, a experiência do ser como dom, pura gratuidade! (É essa gnose que o Cristo nos veio dar, não um saber adquirido à força de estudos, mas a experiência direta da generosidade divina, a *ágape*).

"Conhecer o amor de Deus que supera todos os conhecimentos", tal é a gnose verdadeira que será mencionada por São Paulo e pelos Padres da Igreja. Tal gnose é Jesus Cristo.

Conhecê-lo é conhecer também seu Pai, origem de todos os dons e de todas as luzes.

> "Se conhecesses quem é aquele que te diz 'dá-me de beber', terias reconhecido nele a voz da origem, a própria presença do ser que procura tua sede".
>
> "Serias tu que lhe pedirias, e ele te daria água viva".

Água viva, não uma água estagnada, não uma água engarrafada que refresca durante um momento, mas água viva...

Em uma região onde a água é rara, uma nascente, um poço, é símbolo de vida. Falar de água viva é falar de vida superabundante: oásis. É acreditar que o deserto pode tornar-se um jardim.

A mulher conserva os pés na terra, não está sonhando. Aqui, ela simboliza um realismo são e razoável, pouco inclinado em acreditar no que supera seu entendimento, e diz:

> "Senhor, não tens com que tirar água
> e o poço é fundo;
> donde tens, pois,
> essa água viva?
> Por acaso és maior que nosso Pai Iaaqob
> que nos deu o poço
> do qual ele bebeu, junto com os filhos
> e os rebanhos?" (4,11-12).

Segundo uma lenda rabínica, o patriarca Jacó, que tinha escavado esse poço, também tinha feito com que uma água superabundante subisse e transbordasse por cima da beira do poço[8]. A samari-

---

8. Cf. BIENAIMÉ, G. *Moïse et le don de l'eau dans la tradition juive ancienne*. Roma: Targum et Midrash, 1984.

tana não está à espera de uma revelação metafísica, no máximo, a uma espécie de milagre.

Os *peruschim* tinham perguntado: "Será que és maior do que nosso Pai Abraão?" Jesus respondeu: "Antes que Abraão fosse, Eu Sou". A samaritana pergunta: "Por acaso és maior que nosso Pai Jacó?" Ela ainda terá de esperar um momento antes de ouvir também na boca de um homem a proclamação de "Eu Sou" de YHWH.

Mas, antes de tudo, Ieschua tenta despertar nela o desejo de uma água que não há de esgotar-se. Não se trata da água e das satisfações materiais:

> "Quem bebe dessa água tornará a ter sede" (4,13).

Eis um ensinamento de sabedoria universal: o que apazigua o desejo durante um momento torna-se a si mesmo o começo de outro desejo. Nada pode matar a sede humana. No homem, existe um desejo infinito que somente o infinito pode satisfazer plenamente; além disso, como seres finitos, ignoramos o que possa ser esse infinito.

É a condição humana: impermanência de todas as coisas, felicidades frágeis, por vezes, decepcionantes, mecanismos de repetição, encadeamento do prazer com a dor. Eis o que os sábios de todas as tradições têm afirmado de diferentes maneiras:

> "Ilusão, pura ilusão[9] – tudo é ilusão. Que proveito tira o homem de todo o trabalho com que se afadiga debaixo do sol?...
>
> Todos os rios correm para o mar; contudo, o mar não transborda [...]. O que foi, será [...]: nada há de novo debaixo do sol"[10].

Depois de ter voltado a dizer isso à sua maneira: "Todo aquele que bebe dessa água tornará a ter sede", Ieschua anuncia, no entanto, algo de novo, uma água que ainda não foi bebida debaixo do sol:

---

9. Literalmente: "brisas de brisas", cf. tradução de André Chouraqui.

10. Qohelet ou Eclesiastes, cap. I, Prólogo.

"Mas quem beber da água
que eu lhe der
jamais terá sede.
A água que eu lhe der
será nele uma fonte
que jorra para a vida eterna" (4,14).

Ieschua afirma que existe uma vida, um apaziguamento, que não são dependentes das circunstâncias exteriores.

Enquanto não tivermos encontrado a felicidade dentro de nós, não será possível encontrá-la no exterior. Nada pode satisfazer-nos se não tivermos despertado em nós a fonte de todas as satisfações. É um lugar-comum dizer que existem pessoas felizes em todas as circunstâncias, até mesmo desfavoráveis, e pessoas que têm "tudo para serem felizes" e, no entanto, vivem em uma autêntica insatisfação.

Ieschua não nos propõe objetos ou circunstâncias que nos proporcionariam a felicidade, ele deseja levar-nos a saborear o que se encontra na fonte, uma "qualidade de sermos felizes" em todas as circunstâncias. Do mesmo modo, não nos propõe amar quando esta ou aquela pessoa de nossa escolha vive na nossa proximidade, mas deseja compartilhar conosco um amor essencial, enraizado no ser, sejam quais forem as pessoas que estiverem à nossa volta.

A água mais pura, cortada de sua nascente, não tardará a apodrecer. Seja qual for a intensidade de nossa felicidade e de nossos amores, se não estiverem ligados à fonte, não hão de ser duradouros. Podemos até mesmo construir cisternas que acabarão também por secar.

Ora, Ieschua deseja que sejamos um com a própria fonte da vida, "um com o Pai"[11], dirá ele em uma outra linguagem. Trata-se de recuar até a raiz não dependente, incriada, de tudo o que existe, neste não tempo (portanto, inacessível à morte), que se chama eternidade.

---

11. Na patrologia grega, o "Pai" é, muitas vezes, chamado "Pegé" = "a fonte".

Quem beber da água que eu lhe der não ficará sem desejo, mas deixará de estar sob a dependência do desejo. Já não será escravo, mas filho. Conhecerá em si a fonte não mortal da vida verdadeira, da alegria verdadeira.

Para entender essa passagem é necessário, no mínimo, tê-la saboreado, nem que seja durante um segundo: uma paz que vem de alhures, gratuita, "não causada" e que – por isso mesmo – escapa à lei da causa e efeito que os hindus chamam "carma".

A mulher interpreta a palavra de Ieschua segundo sua capacidade.

Ela imagina que, em posse dessa água, já não vai sentir necessidade, nem sofrer para obter o objeto de seu desejo. "Senhor, dá-me dessa água para que eu não sinta mais sede, nem precise vir aqui buscar água" (4,15).

De novo, Ieschua vai levá-la a dar um passo mais elevado, tentando fazê-la passar de seus desejos humanos para o desejo de Deus: "Ieschua lhe disse: Vai chamar teu marido e volta aqui" (4,16). Literalmente: "Diz-me com o quê, com quem estás casada neste momento, com quem sentes a plena satisfação de teu desejo – quem te dá, neste momento, alegria e felicidade?"

> "A mulher respondeu:
> Eu não tenho marido.
> Disse-lhe Ieschua:
> Respondeste bem:
> 'Não tenho marido'.
> De fato, tiveste cinco
> e aquele que agora tens
> não é teu marido" (4,17-18).

Ieschua revela à mulher que aquele com quem ela está unida neste momento não lhe dá a felicidade. Ela sabe disso. Teve cinco maridos e, no entanto, nunca chegou a conhecer a unidade, a paz. Tentou cinco vezes conhecer o amor, e a sexta ainda não é a boa. A sede continua presente. Mas quem são esses cinco maridos?

Alguns exegetas dizem que se trata dos cinco deuses dos samaritanos mencionados no Segundo Livro dos Reis (17,29-41). Nenhum deles é o Esposo verdadeiro, o verdadeiro Deus.

Outros pensam nas cinco nações que oprimem Israel: egípcios, assírios, babilônios, persas, gregos e a sexta nação, ou sexto marido, no tempo em que fala Jesus com a samaritana, são os romanos. Não é deles, evidentemente, que devemos esperar o restabelecimento e a alegria de Israel. Durante um momento, Orígenes pensou que se tratasse dos cinco livros sagrados ou rolos da Lei, o Pentateuco, os únicos livros sagrados conservados pelos samaritanos. Mas, em seguida, juntou-se à tradição nascente que poderemos encontrar no Ocidente em Santo Agostinho, que tende a ver nos "cinco maridos" os cinco sentidos, através dos quais pensamos encontrar o conhecimento, a união com o que é.

Nem mesmo o sexto marido – que, às vezes, recebe o nome de "sexto sentido" – é a gnose verdadeira, não dualidade com a própria essência do real.

O que é percebido pelos sentidos e pelos instrumentos científicos cada vez mais sofisticados, que os prolongam, não é o real; o que eles podem conter, apreender desse real, "é a verdade, embora não toda".

O papel dos sentidos consiste em conduzir-nos "para além dos sentidos". Não devemos "casar-nos com eles", ou seja, considerar como realidade o que percebem dela. Não devemos identificar o real com os "objetos" que eles recortam no "tecido sem costura" da única realidade. Além disso, podemos dizer que identificar o real com o que podemos ver, tocar, sentir, apreender através de instrumentos muito aperfeiçoados, irá tornar-se causa de sofrimento porque, como diz São Paulo: "O mundo tal como o vemos está em via de desaparecer". Nada resiste à lei da entropia. Somente a realidade "não feita, não nascida, não composta" é que não será desfeita, de-composta.

E é para esse real invisível, incriado, que o Cristo deseja orientar nosso desejo.

Que a mensagem de Ieschua seja interpretada em um sentido religioso (os cinco deuses), político (as cinco nações), psicológico (os cinco sentidos), metafísico (os cinco agregados ou os diversos componentes do ser), a samaritana reconhece que Jesus vê claro e que sua visão é "iluminadora".

"Senhor – disse a mulher –, sei que és um vidente" (4,19). Literalmente: um "nabi" que, às vezes, é traduzido por profeta ou "inspirado". O "nabi" hebraico, assim como o "rishi" védico, é aquele que vê o real em sua profundidade e é na profundidade do presente que ele pode perceber o passado e o futuro. O presente é "o efeito", o resultado das causas passadas, e é também a causa dos "efeitos" futuros.

A samaritana sente-se reconhecida em sua totalidade. Nada mais tem para esconder, confessa sua carência, sua insatisfação.

Suas experiências sensíveis, emotivas, afetivas – até mesmo as mais sutis (obtidas graças ao "sexto" sentido, o último marido!) – limitam-se a avivar sua sede e seu desejo. Assim, aos poucos, seu espírito orienta-se para a origem do ser de que Ieschua lhe fala.

No começo, seu desejo estava misturado às necessidades, às satisfações elementares; em seguida, tendo conhecido alguma saciedade nesse plano, ela elevou-se ao desejo do outro, cinco, seis vezes. Agora, reconhece nela "o outro desejo" e pode interrogar Ieschua sobre a oração, sobre "o justo louvor" (em grego, *orthodoxia*):

> "Nossos pais adoraram a Deus neste monte,
> e vós dizeis
> que é em Ierushalaim o lugar onde se deve adorar.
> Ieschua lhe respondeu:
> Mulher, acredita em mim, vem a hora
> em que nem neste monte,
> nem em Ierushalaim
> adorareis o Pai" (4,20-21).

Ieschua procura libertar a samaritana de qualquer idolatria: graças a seu ensinamento, ela já compreendeu que não se devia adorar a criatura, pedir o infinito a um ser finito, o amor perfeito a um ser imperfeito. Agora, Ieschua ensina-lhe a não idolatrar um lugar de culto particular, templo ou monte santo.

A idolatria espiritual é, talvez, a mais perigosa. Impõe limites, "confina" Deus a uma forma, a um lugar. No entanto, Ieschua não renega a forma na qual ele próprio nasceu, a tradição na qual cresceu. Indica com precisão à samaritana: "A salvação vem dos judeus" (4,22), ou mais exatamente: "A libertação começou pelos judeus".

A libertação de quê? Justamente, de todas as formas de idolatria! E eis a primeira mensagem dos patriarcas – de Abraão a Moisés – "Deus não é a obra de mãos de homens", não é o ídolo segregado por nossos espíritos ou nossos imaginários em busca de consolo ou de segurança. Deus é o real absoluto, "aquele que é", para além de todas as formas e, no entanto, presente em cada uma delas.

Ieschua limita-se a retomar este ensinamento: "Existe no mundo algo que não é deste mundo".

Existe no homem algo que não é do homem, e, se não houvesse essa presença incriada, não haveria saída, salvação, para a vida humana; a morte teria a última palavra. Esse ensinamento original do judaísmo também poderia ter-se perdido: a Torá, o templo tornaram-se novos ídolos, do mesmo modo que o monte Garizim para os samaritanos, mas permanece sua mensagem de liberdade e de salvação.

> "Mas vem a hora,
> e já chegou,
> em que os verdadeiros adoradores
> hão de adorar o Pai
> em Espírito e verdade.
> Estes são
> os adoradores
> que o Pai deseja" (4,23).

Em geral, essa passagem é interpretada pensando que Ieschua pede-nos para rezar "de uma forma inteligente", com uma "cabeça" livre de qualquer imagem sensível...

É interessante ver o que diz o texto grego:

Trata-se de orar "en pneumati kai aletheia" = orar no *Pneuma*, no Sopro, respirar profundamente... É uma coisa completamente diferente de uma meditação intelectual. Orar na "aletheia", termo traduzido por "verdade". Literalmente, deveríamos dizer: "fora da *lethe*", fora do esquecimento e de qualquer "letargia" da consciência, orar em um estado de despertar e de vigilância, em uma memória ininterrupta do ser. Orar "en pneumati kai aletheia" é orar com todo o seu sopro e com toda a consciência. Os Padres da Igreja verão no *Pneuma* o Espírito Santo; e na *aletheia*, o Cristo. Neste caso, é-nos pedido para orar "no Espírito Santo e no Cristo"!

Mantendo-nos próximos do texto, poderíamos dizer: "Orar no Sopro e na consciência desperta do Filho".

"Orar é respirar": eis um tema que, na sequência, será retomado pela tradição hesicaste que pede para introduzir, a partir do ritmo respiratório, o Santo nome do Deus-Homem ou do Homem-Deus, e, assim, conservar o coração vigilante (em estado de *aletheia*).

> "Deus é Espírito *(Pneuma)* e deve ser adorado em Espírito e verdade" (4,24).
>
> "Pneuma o theos!" Literalmente: "O Sopro é Deus!"

Aqui, o termo grego "pneuma" é a tradução da palavra hebraica "ruah": o grande Sopro, o grande fôlego da vida, vento violento ou brisa ligeira.

"Não sabes de onde vem, nem para onde vai o vento. Assim é todo aquele que nasceu do Espírito *(pneuma)*", já tinha dito Ieschua a Nicodemos.

Quando se diz, em português, que "Deus é Espírito", que se deve "orar em espírito", não é verdade que um grande número de pessoas esquecem essa dimensão "respiratória" da oração e da meditação? Essa presença do Sopro sutil que anima e re-anima, incessantemente, todo o universo?

Essas palavras sobre o Espírito tocam a samaritana em seu desejo de Deus, mas também em seu desejo de ver "aquele sobre quem o Sopro repousa", "o ungido" – em hebraico, o "messiah, e, em grego, o "Christos": "Eu sei que o Messias, quando vier, nos fará saber todas as coisas" (4,25).

Ele será a "exegese" daquele que ninguém pode ver, sua encarnação, sua presença entre nós.

Disse-lhe Ieschua: "Sou eu que falo contigo" (4,26).

Nessa passagem, Jesus não só revela quem ele é – "o Messias sou eu" –, mas leva a samaritana a entrar na própria proximidade do "*eu sou*"[12], na presença ardente e iluminadora que, outrora, tinha falado com Moisés na Sarça...

Eis, exatamente, o caráter próprio da caminhada iniciática: todos esses rodeios, esse jogo de paciência, de perguntas, de respostas, de interrogações cada vez mais profundas para chegar a ver "o que é", "aquele que está aí" diante de seus olhos... mas a história não para aqui.

Depois dessa experiência "daquele que *está* aí", ela pode dar testemunho na cidade, testemunhar de seu despertar e de seu encontro: "deixa o cântaro" (4,28), ou seja, sua maneira habitual de "extrair" o conhecimento – não é verdade que, daí em diante, transporta nela uma fonte?

Se pretendêssemos resumir o itinerário da samaritana e encontrar aí algumas ressonâncias naquele que é ou foi o nosso, poderíamos distinguir dez etapas:

1. Avançarmos em direção ao poço: Despertar em nós o desejo do conhecimento.

2. Sentar-nos perto do poço: colocar-nos à escuta, em uma atitude silenciosa.

3. Darmos de beber "àquele que está aí": Dar nosso tempo, nosso espaço. Respondermos ao apelo "daquele que está aí", na profundidade.

---

12. O texto grego diz efetivamente "Ego Eimi", cf. o nome impronunciável, o tetragrama sagrado: YHWH.

4. Descobrirmos o dom de Deus – "Se conhecesses o dom de Deus"; aceitarmos "ser amados pelo ser", infinitamente para além do que podemos pensar ou imaginar.

5. Descobrirmos que esse dom não vem satisfazer plenamente nossas carências, nossas necessidades ou nossos desejos habituais; despertarmos para outro desejo, para outra sede, a da "água viva", do conhecimento que permanece.

6. Procurarmos nosso marido e descobrir-nos como "não casados"; procurarmos o modo através do qual pensamos encontrar a unidade. Descobrir-nos em uma lucidez sem temor: não satisfeitos, não unificados – Relativizarmos "a ciência" obtida através de nossos diferentes instrumentos de conhecimento.

7. "Nem no templo, nem neste monte". Deixarmos de procurar "aquele que é" em um lugar particular, sob uma forma particular, e, no entanto, aceitarmos que "a salvação tenha vindo pelos judeus", ou seja, que a revelação do universal se faça pelo particular (um povo, uma pessoa) e que a liberdade incriada se manifeste em atos concretos no âmago do espaço-tempo.

8. Vivermos na oração do Sopro, na adoração consciente do que respira em nós. Mantermos, em todos os instantes, a memória do ser *(aletheia)*.

9. Então, descobrirmos em nós: o Messias, o mestre interior. O mestre de nosso sopro e de nossa vida. O único "Eu Sou" que não é uma máscara ou uma ilusão. O "Eu Sou" puro do vivo, sem qualificativos. Nossa identidade verdadeira, nosso ser de eternidade.

10. Sermos no mundo testemunhas de sua presença, "sem cântaro", para além dos conhecimentos adquiridos. Transmitirmos, a cada um, a questão ou o desejo que o colocará a caminho em direção de sua própria fonte que o espera no fundo de seu próprio poço.

TRÊS HOMENS

Natanael

"Philippos encontra Natanael
e lhe diz:
Encontramos
aquele de quem se fala
na Torá de Moshé
e nas palavras dos profetas.
É Ieschua, filho de Iosseph, o Nazareno" (1,45).

O tom de Philippos é o da certeza. Ele encontrou aquele de quem se "fala". Conhece-o não só por ouvir dizer, mas chegou a vê-lo.

Não basta ler as Escrituras, as palavras de Moshé e dos profetas; importa reviver para si mesmo o que eles experimentaram. Existe o Messias exterior, e existe também o Messias interior, o advento em nós da sagrada presença (a parusia).

Encontrar Ieschua, o filho de Iosseph, o Nazareno, é para Philippos uma grande alegria, é encontrar o Senhor da vida, encarnado no espaço-tempo, para nossa cura e nosso despertar (salvação). Maior será sua alegria quando vier a "encontrar" nele o Logos, o Filho de Deus. O mestre interior que vem despertar nele Ieschua Ben Iossef, seu "mestre exterior".

"Natanael pergunta:
De Nazaré
pode sair alguma coisa boa?
Vem e vê,
respondeu-lhe Philippos" (1,46).

Natanael conhece as Escrituras. Sabe que o Messias: "não se sabe de onde vem, nem para onde vai". Nazaré é uma aldeia insignificante de Israel, nenhuma profecia se refere a essa localidade, o que pode sair dela é um messias como os outros, talvez um grande rabi, um taumaturgo, um fazedor de milagres, como era possível ver um grande número deles na época, mas com toda certeza não aquele de quem estavam à espera, aquele que há de libertar Israel, ou seja, no sentido profundo, aquele que há de libertar no homem a visão de Deus e há de torná-lo, de novo, capaz de amá-lo em verdade e com toda a serenidade.

"Vem e vê", responde Philippos, e trata-se de um eco do que acaba de ouvir da própria boca de Ieschua, quando os discípulos lhe perguntaram: "onde moras?", e ele tinha respondido: "Vinde e vede" (1,39). Para conhecer a morada do Logos, o lugar do ser, é necessário ir lá, pôr-se a caminho, escavar seu poço em busca da nascente, e beber.

Philippos não critica Natanael por ser cético, não lhe impõe sua crença; pelo contrário, ama esse homem que resiste, que não entrega o coração e a inteligência a qualquer um, convida-o para que ele próprio verifique: "Vem e vê".

Não acreditar em nada sem verificar, basear-se unicamente na realidade, eis o convite feito a Philippos e o convite que este faz a Natanael.

> "Vendo Natanael aproximar-se, Ieschua
> lhe disse:
> Eis um verdadeiro filho de Israel,
> um homem sem maldade" (1,47).

O que é um verdadeiro filho de Israel, um verdadeiro judeu?

O povo de Israel é chamado um "povo santo", não só no sentido moral ou ético do termo, mas também em um sentido metafísico, e, neste caso, a santidade é a afirmação de uma "outridade", a afirmação da diferença.

Israel é inassimilável às outras nações porque é um povo "santo", outro, diferente. Um verdadeiro israelita é um homem que saiu da consciência comum (simbolicamente: saiu do Egito) e afirma um modo de ser e de agir "outro". Natanael é um verdadeiro israelita, sem concessões, sem maldade, nem hipocrisia. Não está disposto a reduzir a "outridade" do *Messiah* que espera ao ascendente que um belo Rabi ou um grande guru de passagem possam ter sobre seu amigo Philippos.

É seu sentido da transcendência, sua exigência, que faz dele um verdadeiro israelita. Do mesmo modo que não é possível confundir o Deus Santo com os elementos mais sutis do universo, assim também não é possível confundir o *messiah*, aquele que transporta em si o Sopro de uma outra consciência, com um profeta qualquer que faz sua pregação nas colinas.

Ieschua aprovou essa atitude de Natanael; dirigiu-lhe o mais belo cumprimento que pode ser feito a um homem: ser um homem verdadeiro, sem maldade, sem a preocupação de agradar, sem desejo de ser seduzido ou tranquilizado – um homem sem dualidade, um e nu.

> "De onde me conheces?
> pergunta Natanael.
> Antes de Philippos te chamar,
> eu te vi
> quando estavas debaixo da figueira" (1,48).

Natanael sente-se reconhecido. Ieschua fala-lhe em uma linguagem que ele compreende; fala-lhe da "figueira". Com efeito, "estar debaixo da figueira" quer dizer, para os antigos rabinos, "estar meditando as Escrituras".

Natanael sabe que, durante a meditação dos textos sagrados, o Logos já o visitou. Conheceu esses momentos de claridade, de visão, que fazem dele um verdadeiro filho de Israel[13].

Esse homem que lhe está falando à sua frente é o mesmo que lhe falou silenciosamente no interior; a luz de seus olhos é a estrela que, em uma longa noite de vigília, ele tinha encontrado nas letras da Torá...

---

13. Cf. a etimologia da palavra Israel: Aquele que vê a Deus.

A cada um, sua "figueira". A de Natanael não é obrigatoriamente a nossa, mas todos nós temos conhecido em nossa vida momentos privilegiados em que o ser nos toca, em que o Logos nos ilumina. No judaísmo, a figueira simboliza, igualmente, a árvore do conhecimento, da felicidade e da desgraça[14].

"Quando estavas debaixo da figueira", ou seja, quando lutavas para conhecer o que é bem e o que é mal, o que faz a felicidade do homem, ou sua desgraça, quando sofrias nos impasses da dualidade, conheceste esse momento não dual, esse momento de unidade, para além do bem e do mal, para além da felicidade e da desgraça, conheceste a essência da vida. O fruto da árvore do conhecimento do bem e do mal foi um instante sem amargura e sem doçura. Saboreavas um outro fruto, entravas em uma outra consciência, com teus lábios e teu coração, saboreavas o grande figo desnudado do amor, o fruto da árvore da vida.

A cada um, sua figueira. Ainda aqui, a de Natanael talvez não seja a nossa, mas todos nós temos conhecido os momentos em que estávamos "no nosso eixo", bem enraizados na terra, bem na vertical, com essa superabundância de seiva, orientados para a luz e nessa não dualidade da matéria e do espírito, do psíquico e do espiritual, nesse momento de transparência, saboreamos algo de "outro", de infinitamente simples e de infinitamente harmonioso, como se diz, um momento de paraíso, um momento em que, deixando de lado os jogos de nossas dualidades, dilaceramentos ou contradições, éramos como uma árvore plantada no meio do "jardim" que se deixa olhar e alimentar pelo sol a pino do meio-dia.

> "Natanael lhe responde:
> Rabi, tu és o Filho de Deus,
> és o Rei de Israel.
> Tu crês porque eu disse:
> 'Vi-te debaixo da figueira'.
> Verás coisas maiores do que esta.

---

14. Cf. Rabi Aquiba em Ecl Rabba 5,15. Cf. ibid. Lt 4,4 (Billenbeck II, 371). Cf. Gn 3,7.

Em verdade, em verdade, eu te digo:
vereis o céu aberto
e os anjos de Deus que sobem
e descem sobre o Filho do Homem" (1,49-51).

Natanael reconhece nele a presença do Logos, o Filho de Deus. A voz continua e afirma-lhe que verá os céus abertos. Na Bíblia diz-se que os céus estão fechados quando já não há relação ou comunicação entre Deus e o homem. Os céus fechados são as inteligências confinadas em si mesmas, incapazes de pensarem a diferença e, portanto, de abrirem-se realmente ao outro.

Narciso não sabe que o real é o outro. Limita-se a olhar para si mesmo.

Os olhos de Natanael estão abertos, o outro pode existir. Os céus estão abertos, o alto e o baixo comunicam-se, a inter-relação do humano com o divino pode manifestar-se através de autênticas núpcias. Nessa abertura, o espírito abre-se para a possibilidade de diversos estados de consciência que Ieschua chama "anjos que sobem e descem sobre o Filho do Homem".

O reconhecimento do ser essencial abre-nos, igualmente, para a experiência de seu desdobramento nos universos inteligíveis e sensíveis.

A referência aos anjos permite expressar de maneira "imaginal" a doutrina metafísica dos estados múltiplos do ser. O único reflete-se em uma infinidade de estados espirituais, religados hierarquicamente, e que dão lugar a um número indefinido de manifestações.

Os anjos são, ao mesmo tempo, seres e estados espirituais. Simbolizam e realizam todos os estados superiores de consciência que uma criatura tem a possibilidade de realizar. Ieschua indica com precisão que esses anjos poderão "subir e descer". Não se trata somente de subir, mas também de descer. A inteligência é chamada a conhecer os estados de consciência mais sutis; é chamada também a fazer descer o Espírito na matéria, a encarnar o sopro nos meandros obscuros do humano e a não se fixar em nenhum desses estados.

Os céus abertos são também a possibilidade oferecida à consciência de sair deste mundo unidimensional e visitar os estados múltiplos do ser.

O Filho do Homem é, sobretudo, representado como uma escada que religa o céu à terra, sendo que cada um de seus degraus representa um nível da realidade com o nível de consciência correspondente. O espírito aberto, o homem com olhos angélicos, contempla o único real e regozija-se com sua encarnação nas realidades múltiplas.

Tal poderia ser a tradução "metafísica" da "boa-nova" anunciada a Natanael. Tradução de uma experiência "semítica" nas categorias da filosofia grega.

El'Azar

Antes de ressuscitar a si próprio, Ieschua ressuscita os outros... Somos tentados a focalizar, imediatamente, o sentido espiritual e dizer que essas ressurreições são símbolos, mitos plenos de significação. É verdade, mas são símbolos concretos, em carne e osso.

Ieschua tirou realmente da morte o filho da viúva de Naim (Lc 7,11-17), a filha de Jairo (Mc 5,21-42) e seu amigo El'Azar.

No momento em que as técnicas de reanimação tornam-se cada vez mais sofisticadas, por que isso deveria nos espantar? Não obtivemos, recentemente, o testemunho de pessoas que passaram por um coma profundo ou chegaram mesmo a ser declaradas clinicamente mortas?[15] O que sabemos a respeito do momento da morte?

O eletroencefalograma isométrico será um critério suficiente? Os vestígios encontrados em alguns caixões dão testemunho de que muitos homens e mulheres foram enterrados vivos. O princípio de informação ou de animação ("a alma" em linguagem filosó-

---

15. Cf. MOODY, R. *La vie après la vie*. Paris: R. Laffont, 1988, e a abundante literatura contemporânea sobre esse assunto.

fica ou religiosa) pode cessar de informar a dimensão material do ser humano que, nesse caso, decompõe-se. Esse princípio de informação "lembrado" na dimensão material do ser humano pode, às vezes, "re-compô-lo", informar de novo seus átomos e suas células de forma coerente.

Poucos conhecem a técnica dessa evocação do princípio de informação em uma matéria, e muitos têm dúvidas em relação à sua utilidade (de que serve reanimar um corpo que, de novo, deverá decompor-se?).

Ieschua – e, antes dele, o Profeta Elias – conhecia essa técnica. O Primeiro Livro dos Reis dá-nos alguns detalhes práticos:

> "Elias levou o filho da viúva para o quarto de cima onde estava alojado e o deitou sobre a cama. Em seguida, invocou aquele que é e disse: YHWH, meu Deus, castigaste até a viúva que me dá alojamento em sua casa, fazendo-lhe morrer o filho! – Depois, por três vezes, ele se estendeu ao comprido sobre o menino e invocou o vivo, 'aquele que é': YHWH, meu Deus, por favor, faz voltar a alma neste menino! 'O vivo', 'Aquele que É', atendeu ao clamor de Elias: a alma do menino voltou e este reviveu. Então, Elias tomou o menino e o fez descer do quarto de cima para a casa embaixo, entregando-o à mãe. Elias disse: 'Vê, teu filho está vivo'" (1Rs 17,19-23).

Eliseu, o discípulo de Elias, retomará a prática de seu mestre.

> "O menino estava estendido morto na cama. Eliseu entrou, trancou-se a sós com ele e rezou àquele que é. Depois, subiu para a cama e deitou-se sobre o menino, pondo a boca sobre a boca dele, os olhos sobre os olhos dele e as palmas das mãos sobre as dele, encolhendo-se sobre ele; em consequência, o corpo do menino se aqueceu. Levantou-se e caminhou no quarto para cá e para lá, voltando a subir para a cama e se encurvar sobre o menino sete vezes: então, este espirrou e abriu os olhos" (2Rs 4,32-37).

O que sabemos dessa transmissão da vida à vida? Até mesmo os ossos de Eliseu eram capazes de ressuscitar os mortos:

> "Certa vez, quando estavam enterrando um homem [...] jogaram o morto na sepultura de Eliseu e se foram embora. Quando o homem tocou nos ossos de Eliseu, voltou à vida e se pôs de pé" (2Rs 13,21).

Depois disso, como poderíamos ficar espantados que Ieschua, cujos poderes taumatúrgicos[16] são evidentes, tenha ressuscitado o amigo El'Azar? Se São João teve o cuidado de relatar os detalhes dessa ressurreição é porque essa narração pode ser lida em outro plano. A interpretação interiorizada e contemplativa dos antigos poderia ser a seguinte:

A cena passa-se no interior de cada um de nós: Lázaro representa o conhecimento de Deus, "a verdadeira gnose", diria Santo Irineu. Essa gnose é a amiga de Jesus porque "Deus ama apenas aquele que vive com a sabedoria". No entanto, na sequência do afastamento ou do esquecimento do Logos, a Gnose morre, fica confinada no túmulo das racionalidades e dos hábitos adquiridos. Marta e Maria – a fé e o amor – intercedem junto de Ieschua para que ele a ressuscite, a desperte.

O relato de São João descreveria, então, um itinerário iniciático onde podem ser lidas as manifestações do Logos na alma, como eco dos acontecimentos e das palavras históricos: "Senhor, aquele a quem amas está doente" (11,3).

A fé e o amor descobrem que a Gnose – "o verdadeiro conhecimento de Deus" – está enferma; prostituiu-se com pseudociências e ignora o essencial que é a presença do Logos na origem de qualquer pensamento e de qualquer ato – essa presença encarnada em Ieschua, intuição filial do vivo que ele chama seu Pai.

> "Quando ouviu isso, Ieschua disse:
> Esta doença não causará a morte,
> mas se destina à glória de Deus:
> por ela, o Filho de Deus será glorificado" (11,4).

---

16. O que os hindus chamam os "siddhis", poderes sobrenaturais: levitação, visão à distância, cura, andar sobre a água, sobre o fogo, ressurreição dos mortos, autorressurreição etc.

A ignorância não causa a morte. O esquecimento do Logos adormece a alma, mas não a mata. Essa doença mostrará que o poder do despertar pode tocar até mesmo os adormecidos. A presença do Logos pode renascer e, de novo, co-nascer* em cada um.

> "Ora, Ieschua amava Marta, sua irmã
> e El'Azar" (11,5).

O Logos é amigo da verdadeira gnose e amigo da fé e do amor. Ele gosta de estar presente com esses "dois ou três reunidos em seu nome".

> "Embora estivesse informado de que El'Azar estava doente,
> demorou-se ainda dois dias
> naquele lugar" (11,6).

Às vezes, o Logos espera dois dias, e duas vezes dois dias (irá ao túmulo no quarto dia), a fim de que seja destruída toda dualidade.

> "Depois, disse aos discípulos:
> Voltemos para a Judeia" (11,7).

Voltemos para o lugar de onde viemos, formulemos a questão da origem.

> "Os discípulos disseram:
> Rabi, há pouco, os *iehudim* te queriam apedrejar
> e tu voltas para lá?" (11,8).

O grande número de memórias são outras tantas pedras que impedem de ver com clareza a origem.

> "Ieschua respondeu:
> Não são doze as horas do dia?
> Se alguém caminha durante o dia,
> não tropeça
> porque vê a luz.

---

* No original, *co-naître*. De passagem, assinale-se que o termo homófono *connaître* significa conhecer [N.T.].

Mas se caminha de noite,
tropeça
porque lhe falta a luz" (11,9-10).

O Logos é a luz verdadeira que ilumina todo homem que vem a este mundo, mas é possível esquecer essa luz. Nesse caso, caminha-se de noite, vive-se na morte.

"Então, Ieschua lhes falou abertamente:
El'Azar morreu" (11,14).

O sono da alma é pior do que a morte do corpo. É isso perder os sentidos: "estar sem Logos".

"Quando Marta ouviu dizer que Ieschua havia chegado,
saiu-lhe ao encontro.
Miryam ficou sentada em casa" (11,20).

A fé corre ao encontro do Logos, ferida por ter perdido os sentidos. A caridade fica sentada e contempla-o dentro de si mesma.

"Marta disse a Ieschua:
Se tivesses estado aqui,
meu irmão não teria morrido.
Mas ainda agora,
sei que tudo quanto pedires
a Deus, Deus te concederá" (11,21-22).

Se o Logos tivesse estado lá, a gnose não teria morrido. Mas, ainda agora, ele é esse poder de ressurreição que pode fazer com que ela reviva.

Onde está o Logos: a gnose, a fé e o amor revivem.

"Ieschua respondeu:
Teu irmão ressuscitará" (11,23).

A gnose, a fé e o amor serão, de novo, reunidos pelo Logos.

"Sei que ele ressuscitará na ressurreição
do último dia –
disse Marta" (11,24).

É o caráter próprio da fé acreditar em um futuro melhor e colocar a ressurreição no fim dos tempos. Diferentemente da gnose, a fé ainda não conhece aquilo em que acredita e espera.

"Ieschua lhe disse:
Eu Sou a ressurreição e a vida.
Quem crê em mim,
ainda que esteja morto, viverá" (11,25).

Palavra fundamental. Aquele que crê no Logos, que forma uma só coisa com ele, aquele que deixa subir *(anastasis)* nele o "EU SOU" do ser e da vida, ainda que esteja morto, viverá.

O que é a gnose, senão essa adesão de todo o ser ao "Eu Sou essencial" do vivo em nós?

O que é Lázaro, senão o arquétipo dessa adesão inconsciente ao Logos que vem ao seu encontro, inclusive na morte?

"E quem vive e crê em mim
jamais morrerá.
Estás segura
desta verdade?" (11,26).

O Logos não pode morrer, uma vez que não chegou a nascer. Aquele que crê nesse "não nascido – não feito – não composto" de seu ser, jamais morrerá...

Aquele que se abriu, nem que fosse durante um instante, para a vastidão do incriado já é mais vasto do que o encadeamento das vidas e das mortes.

Será que estamos seguros disso?

"Sim, Senhor –
respondeu ela – creio que és o Messias,
o Filho de Deus, aquele que devia vir a este mundo" (11,27).

A fé responde: "sim, acredito nisso" – acredito que esse eterno pode manifestar-se no tempo, que o Logos pode encarnar-se no mundo.

Acredito – só me falta a gnose para saborear, experimentar isso.

"Dito isso,
ela foi chamar sua irmã, Miryam,
e disse-lhe baixinho:
O Mestre está aí e te chama" (11,28).

A fé procura a caridade. Guardam o mesmo segredo: "O mestre está aí". O Logos está aí, aqui e agora.

"Assim que Miryam chegou onde Ieschua estava,
lançou-se aos pés dele e disse:
Senhor, se tivesses estado aqui,
o meu irmão não teria morrido" (11,32).

O amor – como a fé – sente a mesma aflição. Sem a gnose, ela não pode viver a plenitude *(pleroma)* que somente o Logos pode devolver-lhe.

"Quando viu que Miryam
e todos os *iehudim* que vinham com ela estavam chorando,
Ieschua comoveu-se profundamente,
emocionado" (11,33).

Como é que essa profunda comoção de Ieschua não teria eco no próprio âmago do Logos?

A inteligência criadora está emocionada por não poder comunicar-se ao conhecimento dos homens. A ignorância é a fonte de todos os males e de todos os sofrimentos. O que mantém o homem nas garras da morte é a ignorância da verdadeira vida.

El'Azar morreu – a gnose da vida verdadeira também. Onde é que os homens encontrarão uma saída para sua condição perecível?

"Ieschua começou a chorar" (11,35).

Será que se pode falar de sofrimento, das lágrimas do Logos? Se Deus é amor, não sofre em si mesmo, mas nos membros que não acolhem sua vida. Sofre nas inteligências que se fecham para a sua luz.

"Os *iehudim* comentavam:
Vede como ele o amava" (11,36).

Será que podemos acreditar que Deus ama ver-nos "plenos de conhecimento" e lesados com o nosso desprezo pela verdadeira gnose? "A vida eterna é conhecer-te, tu que és o único verdadeiro Deus, e aquele que enviaste, Jesus Cristo".

"Tomado novamente de profunda emoção,
Ieschua dirigiu-se ao sepulcro.
Era uma gruta fechada
por uma pedra colocada na entrada" (11,38).

Onde é que enterramos a gnose? Qual é essa gruta fechada e essa pedra colocada na entrada?

Alguns hão de reconhecer na gruta o inconsciente com tudo o que possa ter de obscuro, e, na pedra colocada na entrada, o bloqueio, o nó fundamental que impede a manifestação em nós da energia do conhecimento.

A cada um, sua pedra, seu túmulo, suas memórias, seu esquecimento – o desespero, o enfado, o ódio, o desprezo: tudo o que obscurece a luz, tudo o que nos confina na inconsciência.

"Ieschua ordenou:
Tirai a pedra.
Marta disse:
Senhor, já está cheirando mal,
pois já está aí há quatro dias" (11,39).

O Logos convida-nos a retirar a pedra, a censura, a não termos medo do que em nós já está cheirando a podridão. O essencial é não nos confinarmos em nosso sentimento de culpa, na lenta desestruturação da consciência a que fomos conduzidos pelo esquecimento do ser; é enfrentarmos nosso mau nada.

"Ieschua respondeu:
Eu não te disse
que, se acreditasses,
verias a glória de Deus?" (11,40).

Se acreditares, se aderires com todo o teu ser ao Logos, ao próprio âmago do teu nada, verás "o peso da presença", o que os antigos chamam "a glória de Deus".

"Tiraram então a pedra.
Ieschua levantou os olhos para o alto
e disse:
Pai, eu te dou graças
porque me atendeste.
Eu sei que sempre me atendes,
me escutas e me respondes,
mas digo isto
por causa da multidão
que me rodeia,
para que creiam que tu me enviaste" (11,41-42).

O Logos dá graças para "o que é", não dualidade do rio com sua nascente.

Se ele fala no espaço-tempo é para que cada um faça sua adesão às vagas do rio que deslizam através dele e, assim, venha a saborear a nascente.

"Depois dessas palavras, gritou bem forte:
El'Azar, vem para fora!" (11,43).

O túmulo é o ego, o "pequeno ego". O Logos convida-nos a sair dele, a deixar de identificar-nos com as memórias que o compõem, a abandonar os traumatismos do passado, a deixar acontecer o Logos em nós:

A gnose reencontrada, o conhecimento do Self.

"O morto saiu
com os pés e as mãos atados com faixas,
e o rosto envolto num sudário.
Ieschua ordenou:
Desatai-o
e deixai-o andar" (11,44).

Por mais esforços que façamos para sair do túmulo, para deixarmos a ignorância, ainda assim acabamos por conservar vestígios. O conhecimento ainda está atado com "faixas". O rosto está envolvido por um véu. Ainda não existe a visão total. As concepções do ego ainda se encontram aí. Em cada dia, deveremos "desatar-nos", "libertar-nos do conhecido" – avançar no mistério – deixar-ser. Deixar que o Logos se manifeste; tornar-nos com ele o caminho, a verdade, a vida.

As diferentes leituras desse relato não se opõem, levam-nos antes a tomar consciência de que o milagre é o símbolo de um outro milagre. A reanimação de um corpo é o símbolo da ressurreição de uma alma.

El'Azar, o amigo de Ieschua, é o símbolo da Gnose, amiga do Logos.

A fé e o amor intercedem em nós para que a Gnose reviva e volte a iluminar.

O cego de nascença

> "Ieschua estava passando
> e viu um homem
> que era cego de nascença.
> Os discípulos perguntaram-lhe:
> Rabi, quem foi que pecou,
> ele ou os pais,
> para ele nascer cego?" (9,1-2).

Eis a grande questão: Quem é culpado?

Se existe o mal, o sofrimento no mundo, não haverá uma causa para isso? Se um homem nasce cego é porque pecou. Mas quando teria cometido pecado se nasceu dessa forma? Teria sido em uma vida anterior?

Sua cegueira será a "dívida" que deve pagar por seus atos passados, será o resultado de seu mau "carma"[17]? Ou será culpa dos pais? Do código genético deles, dos atos repreensíveis que, por-

---

17. Carma: a lei de causa e efeito. Tal ato implica tal consequência. Um ato nefasto implica uma consequência nefasta, nesta ou em uma outra vida.

ventura, teriam cometido antes ou depois da cópula? Tratar-se-á de um filho do adultério?

Deus não deixa impune nenhum crime. Vejamos o que, outrora, proclamou a Moshé:

> "YHWH – YHWH, aquele que é, que era, que vem, Deus de ternura e de piedade, lento na cólera, rico em misericórdia e fiel, que conserva a bondade por mil gerações, perdoa culpas, rebeldias e pecados, mas não deixa nada impune, castigando a culpa dos pais nos filhos e netos até a terceira e quarta geração" (Ex 34,6-7).

Lembremo-nos também dos amigos de Jó. Se este perdeu terras, filhos e saúde, evidentemente, ele tem a ver com isso. Examine a consciência e, certamente, encontrará alguma culpa oculta porque

> "Deus está tão afastado do mal,
> *Shaddai*, da injustiça,
> que retribui ao homem segundo suas obras,
> e dá a cada um conforme o seu proceder" (Jó 34,10-11).

A pergunta dos discípulos é legítima: Quem foi que pecou, ele ou os pais? Qual é a causa do mal? Ieschua responde:

> "Ninguém pecou, nem ele nem os pais,
> mas é para que as obras de Deus
> se manifestem nele" (9,3).

Estranha resposta, verdadeiro *koan*[18], que rompe com a lei de causa e efeito, a lei da relação entre a culpa e a desgraça, entre o pecado e o sofrimento.

"Nem ele nem os pais" – Ieschua deseja despertar os discípulos para uma nova consciência, livre em relação às leis do pensamento racional, ou seja, do pensamento causal.

Isso não quer dizer que ele a negue, mas o que é verdade em certo nível de realidade e consciência, deixa de sê-lo em um outro.

---

18. Os mestres japoneses empregam pequenas frases, cujo sentido não é acessível ao pensamento racional, a fim de despertarem o espírito dos discípulos para uma outra consciência. Por exemplo: "Qual é o som de uma só mão?"

Ieschua deseja iniciar os discípulos em uma ordem que não faz parte do mundo de causa e efeito, um mundo livre em relação ao "carma". O que importa não são as causas que provocaram esta desgraça ou aquela doença, mas o que fazemos a partir disso. Os discípulos olhavam para a causa, Ieschua faz com que "se voltem" *(metanoia)* para o objetivo...

Ele afirma a possibilidade que temos de fazer da provação uma ocasião para manifestar a obra de Deus, ou seja, deixarmos de suportá-la como um destino impiedoso e considerá-la como a possibilidade de uma passagem rumo a um além de causa e efeito, um além do mundo e do pensamento racional.

Assim, Ieschua deseja desenraizar em nós o espírito de acusação, o mau espírito que o apocalipse chama "o acusador de nossos irmãos", o espírito que procura sempre um culpado.

Por que sou assim? Será culpa minha, culpa de meus pais, culpa da sociedade, da natureza? Procurem o culpado...

Ieschua diz: "Deixem de procurar", não percam tempo, não conseguirão encontrá-lo. Não conhecerão a causa do mal. Observem, aceitem o que vocês são. Façam disso uma ocasião para crescer, manifestar a ação criadora em vocês. Saiam desse espírito culpabilizado e culpabilizante, transformem vossos olhos cegos em um cântico ou em um grito à luz...

"Eu sou a luz do mundo", acrescenta Ieschua. Fora dos encadeamentos de causa e efeito, ele é uma luz, um Eu Sou que nada pode atingir ou destruir. Antes de tudo, trata-se de despertar para essa luz. Alguns chegarão ao ponto de dizer que os cegos têm "a possibilidade de não se dispersarem em espetáculos fúteis e estão menos distraídos do essencial, da invisível luz". Mas Ieschua não diz isso.

Ele veio para que o homem viva em plenitude e conheça a luz, por dentro e por fora, e para que deixe de haver oposição entre interior e exterior, criado e incriado, causal e não causal...

> "Ao falar isso, Ieschua cuspiu no chão,
> fez um pouco de lama com a saliva
> e, com essa lama, fez uma unção
> nos olhos do cego" (9,6).

Com esse gesto, Ieschua não pratica somente uma medicina alternativa, mas lembra aos discípulos a gênese do homem: quando Deus misturou seu sopro com sua saliva à argila do terroso *(Adamah)* (Gn 2,7).

Lembra-lhes que todo homem nasceu cego, que a matéria por si mesma não vê e não conhece nada, se não for animada pelo espírito, o sopro do vivo.

O homem é pó e voltará ao pó. Quem é que – no pó – é capaz de ver a luz?

Ieschua fez um pouco de lama com a saliva. Nessa saliva existe seu sopro e sua palavra. Existe sua energia, sua intimidade: é o beijo de Deus. O pó torna-se vivo.

"E, com essa lama, fez uma unção nos olhos do cego". Dessa condição humana, onde se misturam o pó e o sopro, dessa condição no mínimo atolada e lamacenta, Ieschua faz uma unção, uma bênção.

Essa lama – dizem os Padres da Igreja – é a própria humanidade do Cristo, sua encarnação, sua condição terrena. Se colocarmos seu rosto em cima de nossos olhos, ficaremos curados, tornar-nos-emos capazes de ver a Deus no homem, a luz no pó, finalmente, seremos capazes de ver "a luz do mundo".

Ieschua faz com a lama uma unção; o cego torna-se também "o ungido do Senhor".

> "Ele disse-lhe:
> Vai lavar-te na piscina de Schiloah
> (que quer dizer: enviado).
> O cego foi,
> lavou-se
> e voltou vendo" (9,7).

Atualmente, alguns dirão que Ieschua sabia utilizar as virtudes "miraculosas" da água e da argila e que era um bom curandeiro. O texto de São João lembra-nos que a cura física é também utilizada por Ieschua como "sinal" da cura espiritual.

Depois de ter acreditado nas virtudes da encarnação – dizem os Padres – ainda é necessário ir mergulhar na piscina do batismo: lavar-nos de todo o nosso passado e "renascermos da água e do Espírito". A piscina de "Schiloah" faz alusão ao batismo prescrito pelo "Enviado" – Ieschua – "o eleito de Deus".

> "O cego foi,
> lavou-se
> e voltou vendo" (9,7).

O itinerário espiritual, inscrito em filigrana no texto do Evangelho, é interessante:

1. aceitarmos nossa condição humana, observarmos que não vemos a luz;

2. aceitarmos o sopro e a palavra (a saliva) que habitam nosso pó (a presença do outro);

3. mergulharmos *(baptizai)* nossa condição humana e suas racionalidades em uma nova consciência (a consciência do outro) "enviado do alto", "nascido do alto", e sermos lavados aí de todas as nossas memórias, sairmos do tempo;

4. depois dessa reviravolta da consciência, ao retornar às ocupações cotidianas, deixarmos de projetar nossas memórias, nossos esquemas preestabelecidos, nossas referências ao passado, sobre o que é; vermos o que é tal como isso é, com clareza e consciência; vermos as coisas tais como elas são na luz de Deus.

Depois de termos seguido esse itinerário, que poderemos dizer além do que disse o cego: "Não sei o que se passou. Eu antes era cego, agora estou vendo!"?

Antes, eu nada compreendia a respeito do mundo, da vida, do sofrimento; agora, estou vendo. Estou vendo com uma luz que não é a dos meus olhos. O sentido que me foi revelado não é uma explicação, uma justificativa, porque seria possível opor a uma razão uma outra razão. O conhecimento no qual mergulhei é despertar e vida. O mundo não mudou e, no entanto, nada é semelhante ao que era antes. Já não consigo pousar nele os mesmos olhos, os mesmos olhares. "Eu antes era cego, agora estou vendo".

> "Quem te curou? – perguntam os *peruschim*.
>
> – Não sei.

O incógnito, que se chama espírito de profecia ou sopro de
Deus, visitou-me, despertou-me".

O incógnito que ilumina os olhos apagados, que dá a chama à mecha que fumega, que coloca uma estrela no meio das noites sem caminho, com que nome poderia nomeá-lo?

A hereditariedade não explica nada, o "mais" não vem do "menos".

"Os pais responderam:
Sabemos que este é o nosso filho
e que nasceu cego.
Mas não sabemos
como agora está enxergando,
ou quem lhe abriu os olhos.
Perguntai-lhe,
já tem idade para falar por si próprio" (9,20-21).

Os *iehudim*, os *peruschim* – de ontem e de hoje – dizem: "isso não é possível". Não se pode ver e ser cego. Tudo isso é impostura, ilusão.

O que é essa visão? Excitação do córtex cerebral? Com toda a certeza, esse cego tomou alucinógenos.

Não há saída para a condição humana. Não há nada para ver para além, alhures ou de outra forma, todos nós morremos. "Não há nada para ver – Circulando!", esse cego sofreu um acidente. Teve um estalo e diz que os olhos se abriram.

"Jamais se ouviu dizer
que alguém tivesse aberto os olhos
a um cego de nascença.
Se este homem não fosse de Deus,
não poderia fazer nada" (9,32-33).

Comenta o cego que está vendo. Assim, confessa que o que lhe foi revelado através de Ieschua não vem "da carne nem do sangue", mas daquele que transborda e contém o espaço e o tempo. Então, Ieschua diz:

"Eu vim a este mundo
para fazer uma separação:

a fim de que os que não veem, vejam,
e os que veem
se tornem cegos" (9,39).

O começo da sabedoria consiste em reconhecer sua ignorância. O começo do despertar consiste em ficar surpreendido por estar adormecido, sobrecarregado de sonhos.

"Se fôsseis cegos
– disse-lhes Ieschua –
não estaríeis desencaminhados;
mas como dizeis: 'Vemos',
o vosso descaminho permanece" (9,41).

Afirmar que vemos o invisível é um contrassenso. O caráter próprio do invisível é não ser visto...

Afirmar que conhecemos Deus é uma mentira. O caráter próprio de Deus é ser incognoscível... Somente Deus é que pode conhecer Deus. Ele não é visível para a vista humana. Eis aí o drama dos *peruschim*; estes pensam que basta ler a Torá, comentá-la e aplicá-la, para conhecer Deus.

Sim, basta ler a Torá, compreendê-la, para compreender que não se pode vivê-la, aplicá-la... Em cada página, Deus pede o impossível. Acreditar que podemos encontrar a solução para esse "impossível" por nossas próprias forças é presunção, para não dizer estupidez. O objetivo da Torá consiste em levar-nos a tomar consciência de nossa impotência, de nossa ignorância, mas de forma não desesperada porque é "quando sou fraco que sou forte". Nesse caso, sou obrigado a colocar minha confiança na confiança de um outro. Já não me apoio em mim próprio, em meus pequenos poderes, em minhas grandes sutilezas, mas apoio-me no alicerce vertiginoso do meu ser, no poder incriado que faz os olhos e é a fonte da luz.

Ser cego, para Ieschua, consiste em permanecer confinado em si, é fechar suas janelas ao sol e proclamar: "Ele não existe".

Descaminho trágico da autossuficiência: até mesmo a água mais pura cortada da nascente não tardará a apodrecer. Até mesmo os olhos mais vivos, mais penetrantes, não verão nada, se não se banharem na luz.

"Aqueles que não veem, verão" – o paradoxo é estranho. No entanto, ele introduz-nos no cerne do mistério que vivemos em cada uma de nossas relações. Se digo "conheço alguém", eu o possuo de certa forma, sutilmente o reduzo a mim próprio, ao que há de "mesmo" em mim e nele. Passo ao lado de sua diferença, de sua "outridade", ou seja, de seu mistério. Se digo: "Eu o conheço e, no entanto, não o conheço; o que ele é verdadeiramente, continua sendo para mim desconhecido", abro-me, assim, ao mistério do outro. Ponho-me a caminho rumo a esse ponto inacessível no qual se encontram nossos olhares.

Não olho para a imagem ou a representação que tenho dele (é essa imagem, essa representação, ou seja, essa memória que me faz cego), eu o observo, neste instante, tal como ele jamais foi, tal como ele jamais será – infinitamente novo.

Assim, sermos curados de nossa cegueira consiste em tornar-nos capazes não só de conhecermos a nós próprios e o que há de "mesmo", de cognoscível no outro, mas também de abrir-nos ao que ele tem de propriamente incognoscível, sua diferença, sua "outridade".

Sermos cegos consiste em não podermos sair de nós, de nossas concepções, de nossas representações. É vivermos sempre no "mesmo", sem nunca darmos lugar ao outro.

São João dirá mais tarde:

> "Quem odeia o irmão
> está nas trevas.
> Anda nas trevas,
> sem saber para onde vai
> porque as trevas lhe cegaram os olhos.
> Quem ama o irmão
> está na luz... " (1Jo 2,9-11).

Em cada um de nós, o Filho de Deus vem misturar seu sopro com a terra dura e cega de nosso coração, a fim de que nos tornemos capazes de amar, capazes do outro, capazes de Deus...

> "Em sua luz, vemos a luz".

UM CASAMENTO: QANAH

A cena passa-se em Qanah, na Galileia, pequena localidade onde Natanael tinha nascido. O lugar mencionado pelo historiador Josefo está, atualmente, localizado em Hirbet Cana, a cerca de catorze quilômetros de Nazaré.

> "No terceiro dia,
> houve um casamento em Qanah da Galileia.
> A mãe de Ieschua estava presente.
> Ieschua e os discípulos
> também tinham sido convidados" (2,1-2).

No pensamento bíblico, o tema das núpcias evoca a aliança com Deus, sendo que o amor humano é o espaço da "experimentação" da presença divina, o lugar onde as energias humanas se unem à energia criadora do vivo.

Desde a experiência conjugal de Oseias até o Cântico dos Cânticos e o próprio Jesus que apresentou o Reino dos Céus como uma festa de casamento (Mt 22,2; 25,1), a união do homem com a mulher é o símbolo concreto do conhecimento.

Quando "Adão conhece Eva", isso quer dizer que eles se conhecem existencialmente em uma relação de intimidade, tanto carnal quanto espiritual.

O gnóstico – dirão os antigos – é aquele que vive existencialmente esse "estado de núpcias" no interior de si próprio, entre o criado e o incriado.

A palavra "núpcias" manifesta, portanto, uma polissemia rica e variada. Da mesma forma, quando se fala do Cristo como esposo, será o intelecto humano que esposa a vontade de Deus? Ou será o Logos divino que se une à inteligência humana?

De qualquer maneira, podemos voltar ao sentido literal do texto: Ieschua é convidado com a família e amigos para uma festa de casamento; além disso, observemos que não é por acaso que ele escolheu um momento de alegria humana para revelar algo de seu mistério. Com efeito, Qanah será seu primeiro milagre, seu primeiro ato público.

É por ocasião de um casamento que inaugura sua missão.

São João indica com precisão: "no terceiro dia" – como observa Santo Tomás de Aquino, na esteira dos Padres da Igreja: "O fato de que o casamento foi celebrado no terceiro dia tem a sua significação. O primeiro dia é o da lei natural e o segundo, o da lei escrita; quanto ao terceiro, é o tempo da graça em que o Senhor, nascido na carne, celebrará suas núpcias (união do finito com o infinito, do eterno com o tempo)".

"Após dois dias, ele nos fará reviver; no terceiro dia, nos restabelecerá e nós viveremos em sua presença" (Os 6,2). Santo Tomás prossegue afirmando que esse lugar convém perfeitamente ao mistério dessas núpcias: em hebraico, Qanah tem o sentido de "efervescência", "fervor", "zelo"[19]; quanto à palavra Galileia, tem o sentido de "passagem" ou, literalmente, "transmigratio"[20].

O Logos torna-se presente em uma experiência que é a de um fervor, de uma efervescência, no mais profundo do ser, e de uma passagem, de uma migração rumo a...?

Rumo ao Self, rumo ao outro?

Estar no fervor e em trânsito, não será a atitude daquele que sabe habitar o instante? O instante não será o lugar das mais elevadas núpcias? "A ocasião" para mudar de consciência, de passar da água para o vinho?

---

19. Em latim: *zelus*. Qanah, em hebraico, significa "zelo". Cf. Ex 20,5. Joseph Bell IV, 3,9. Cf. VIGOUROUX. *Dictionnaire de la Bible*. Paris: [s.e.], 1899.

20. A raiz hebraica "galil" que significa "o que é redondo, o que gira" – e, por extensão, "circunscrição, região" –, provém, por sua vez, de uma raiz mais primitiva, "galah", que significa "emigrar, ser levado como cativo, ser exilado" (cf. Is 8,23; Js 20,7) – daí a interpretação de "transmigratio".

"Tendo acabado o vinho,
a mãe de Ieschua disse-lhe:
'Eles não têm vinho'" (2,3).

"Eles não têm vinho" – esta simples frase da mãe de Ieschua pode ressoar em nós em múltiplos níveis. O vinho do casamento acabou. Isso pode ser uma forma de dizer que, após a ebriedade dos primeiros tempos, deixa de haver amor, deixa de haver alegria de viver juntos.

"Eles não têm vinho" – trata-se de uma constatação; é também uma oração. O amor humano acaba-se bastante depressa, pode transformar-se em hábito, em água turva e sem sabor.

Se o Cristo não for convidado para o nosso casamento, bem depressa estará faltando uma dimensão a nossos amplexos amorosos; conservá-lo no cerne de nossas relações mantém uma chama misteriosa, e no momento em que vier a faltar o desejo, o sentimento ou o ideal comum, nem por isso o amor estará extinto. Nada há mais de "solúvel", no tempo, do que o casamento. O que é "indissolúvel", o que não é "mortal", é essa referência ao Cristo, ao Logos, ou a um eterno evocado ou invocado juntos, nos meandros "transitórios" da provação ou do enfado compartilhado.

Nessa oração de Maria, a tradição verá sobretudo o apelo da Virgem de Sião (um dos nomes dados ao povo de Israel) ao Deus vivo para que se cumpram os oráculos messiânicos: "Eis que virão dias – oráculo de YHWH – nos quais [...] as montanhas destilarão mosto e todas as colinas derreter-se-ão..." (Am 9,13).

Em Israel, o vinho é sagrado. É, com o trigo e o azeite, não só um gênero alimentício essencial para a vida humana, mas também o "suplemento" que simboliza a graça ou a presença de Deus no coração do homem.

A tradição cristã irá interpretar, igualmente, esse versículo em sentido messiânico: antes da vinda do Cristo Messias, "havia falta de vinho".

A mãe de Ieschua diz-lhe, portanto: "Eles não têm vinho". Aqui, devemos saber que, antes da encarnação do Cristo, havia falta de três espécies de vinho: o vinho da justiça, o da sabedoria e o da caridade ou da graça.

Com efeito, o vinho é ácido e é nesse sentido que a justiça é chamada "vinho". O bom samaritano derramou vinho e azeite nas feridas da vítima dos salteadores (Lc 10,34), ou seja, a severidade da justiça misturada com a doçura da misericórdia.

> "Senhor, fizeste-nos beber vinho entorpecente" (Sl 60,5).

Por outro lado, o vinho "alegra o coração do homem" (Sl 104,15).

É neste sentido que a sabedoria é "vinho" porque sua meditação traz a mais viva alegria.

> "Sua companhia não provoca amargura, nem aflição o seu convívio, mas sim contentamento e alegria" (Sb 8,16).

Da mesma forma, o vinho inebria: "Amigos, bebei, embriagai-vos, meus bem-amados" – por essa razão, diz-se que a caridade é "vinho".

"Bebi meu vinho com meu leite" (Ct 5,1). E a caridade ainda é chamada "vinho" por causa do ardor que este proporciona: "o vinho faz crescer as virgens" (Zc 9,17).

Com toda a certeza, o vinho da justiça fazia falta na antiga lei, sem a qual a justiça era imperfeita: mas o Cristo tornou-a perfeita, ele que disse: "Se a vossa justiça não for maior do que a dos escribas e fariseus, não entrareis no Reino dos Céus" (Mt 5,20).

O vinho da sabedoria também fazia falta porque ela estava escondida e era figurativa: uma vez que, como diz o apóstolo: "Todas estas coisas lhes sucederam para servir de exemplo" (1Cor 10,11). Mas o Cristo tornou-a manifesta porque ensinava como quem possui autoridade (Mt 7,29).

Por último, o vinho da caridade também fazia falta porque eles tinham recebido um espírito de escravos que os deixava recair no medo. Mas o Cristo transformou a água do medo em vinho do amor, uma vez que nos dá "um espírito de adoção filial com o qual clamamos *Abba*, Pai" (Rm 8,15) e "o amor derramou-se em nossos corações pelo Espírito Santo que nos foi dado" (Rm 5,5)[21].

A esta simples frase: "eles não têm vinho", que pode despertar em nós múltiplos ecos – teológicos, escriturísticos ou psicológicos – Ieschua responde:

> "Mulher, o que há entre ti e mim?
> Ainda não chegou a minha hora" (2,4).

O tom de Ieschua pode causar surpresa. Um filho ao dirigir-se à mãe deveria dizer "imma" que corresponde a "abba" (papai). Ora, ele diz "mulher", colocando-a dessa forma à distância e relativizando, segundo seu costume, os vínculos de família.

Àqueles que se mostravam encantados diante da maternidade carnal de Maria, não é verdade que ele já tinha proclamado: "Antes felizes os que ouvem a palavra de Deus e a põem em prática"? (Lc 11,28).

Àqueles que lhe anunciam que a mãe e os irmãos estão à sua procura, ele não tinha respondido: "Quem é minha mãe e quem são meus irmãos?" (Mc 3,33).

Parece ter adotado essa atitude desde a meninice. Ieschua é uma criança "fugida". Quando, depois de três dias de buscas, o encontraram no templo, limitou-se a responder: "Por que me procuráveis? Não sabíeis que devo ocupar-me das coisas de meu Pai?" (Lc 2,49). Sua missão tem prioridade em relação ao resto, nenhum vínculo afetivo poderia retê-lo.

Ele continua: "mulher, o que há entre ti e mim?" – em hebraico, "ma li walak"; em grego, "ti emoi kai soi". Esta fórmula própria à linguagem diplomática coloca em questão o vínculo existente en-

---

21. TOMÁS DE AQUINO. *Commentaire sur l'Évangile de Jean*. [s.l.]: Éd. Les Amis de Jean, 1978, p. 332.

tre dois parceiros, seja para indicar uma ruptura, seja para atrair o interlocutor a respeito de um ponto de divergência[22].

Portanto, de novo, podemos interpretar essa passagem como uma colocação à distância ou como uma quase recusa.

Em outro sentido, não será que poderíamos dizer que Ieschua sentiu-se tocado por esse pedido da mãe que, nesse instante, simboliza toda a humanidade infeliz a quem falta vinho? Essa constatação e essa oração despertam nele a compaixão que vai impeli-lo a fazer o milagre e dar sua vida, seu sangue, para que – de novo – a alegria deslize pelas veias do homem.

> "Mulher, o que se passa entre ti e mim – tua compaixão despertou meu amor pelos homens: quem é fraco sem que eu seja fraco, quem sofre escândalo que eu não me consuma de dor?" (2Cor 11,29).

No entanto: "Ainda não chegou minha hora" (2,4).

Será que Ieschua quer dizer que ainda é cedo demais, que é ainda jovem demais para manifestar-se?

O texto grego: "upo ekei he ora mu", pode ser entendido de maneira negativa como, em geral, é o caso: "Ainda não chegou a hora".

Em virtude de os antigos manuscritos não indicarem pontuação, poderíamos ler, igualmente, essa frase de forma interrogativa: "Não será que chegou minha hora?" O que, evidentemente, modifica o sentido. Nesta eventualidade, Ieschua diz à mãe que, de fato, é o momento, o que explica que ela possa murmurar com confiança aos que estavam servindo: "Fazei tudo o que ele vos disser" (2,5).

Aliás, esta expressão encontra-se literalmente na boca do faraó dizendo aos egípcios que reivindicavam pão: "Ide a José e fazei o que ele vos disser" (Gn 41,55).

José deu pão a seu povo, enquanto Ieschua deu vinho. Para quem sabe ler todas essas ressonâncias intertextuais, João pretende mostrar que Ieschua é realmente aquele que vem cumprir a lei, os patriarcas e

---

22. Jz 11,12; 2Sm 16,10; 1Rs 17,18; 2Rs 9,18.

os profetas. Novo Moisés e novo José. O próprio Deus dirá no dia da transfiguração: "Este é o meu filho bem-amado. Escutai-o!"

De um ponto de vista espiritual – "Escutai-o", "Fazei o que ele vos disser" – são convites a seguir todas as inspirações que vêm do Logos, mesmo se a colocação em prática de seus pedidos possa parecer paradoxal. É a "mulher", a sofia ou inteligência intuitiva que nos aconselha a proceder dessa forma.

> "Havia ali seis talhas de pedra
> para as purificações rituais dos *iehudim*;
> em cada uma, cabiam duas ou três medidas.
> Ieschua disse aos que estavam servindo:
> 'Enchei de água as talhas.'
> Eles encheram-nas até a borda.
> 'Tirai agora um pouco
> e levai ao organizador
> da festa.' Eles levaram.
> O organizador da festa provou:
> a água tinha-se transformado em vinho
> e ele não sabia de onde este tinha vindo.
> Quanto aos serventes, que tinham tirado a água,
> tinham conhecimento disso.
> Ele chamou o noivo
> e disse-lhe:
> Todos servem primeiro o vinho bom
> e, quando as pessoas já estão embriagadas,
> servem o de qualidade inferior.
> Mas tu guardaste o melhor vinho
> até agora.
> Este foi o primeiro dos sinais
> realizados por Ieschua,
> em Qanah da Galileia.
> Ele manifestou a sua glória
> e os discípulos creram nele" (2,6-11).

Vós ficais admirados pelo fato de Ieschua ter transformado a água em vinho? – dizia Santo Agostinho. Mas não é isso o que faz a videira todos os anos? No entanto, vossos espíritos são de tal forma bitolados, incapazes de ver a obra do Logos na natureza e no cotidiano que tendes necessidade de sinais e prodígios para reencontrar um pouco de espanto...

Portanto, o milagre de Qanah pode ser visto como um prodígio pelo qual Ieschua vai suscitar a fé de seus discípulos. O clima de discrição no qual se opera a transmutação indica que São João atribui mais importância à significação simbólica do que ao poder "mágico" desse ato.

Havia ali seis talhas de pedra. O algarismo 6 (7 menos 1) implica a ideia de imperfeição. Segundo Santo Tomás, trata-se das seis épocas do primeiro Testamento, durante as quais tinham sido preparados e propostos como exemplo de vida os homens receptivos às Escrituras. Essas talhas serviam para guardar a água das purificações rituais dos *iehudim*. Existe um paralelismo entre as águas purificadoras e o vinho das núpcias, com o batismo de água de João e o batismo de fogo do Cristo.

Em ambos os casos, Ieschua inaugura uma nova vida.

Essa novidade em Qanah inscreve-se na continuidade: é a água que se torna vinho, a primeira aliança não foi abolida, mas conduzida ao seu termo porque "eu não vim abolir, mas completar" (pela fé no Cristo, a observância purificadora da lei pode transformar-se em amor).

A interpretação espiritual verá, nas seis talhas, os cinco sentidos mais o "sexto sentido", que deverão ser vividos plenamente em harmonia com o Logos. Então, a água da vida cotidiana pode transformar-se em vinho de núpcias. Tudo pode ser ocasião de festa, ocasião de viver "em união" com a fonte criadora de tudo o que vive e respira.

É feita, igualmente, esta observação interessante ao noivo: "todos servem primeiro o vinho bom e, quando as pessoas já estão embriagadas, servem o de qualidade inferior; mas tu guardaste até agora o melhor vinho". Trata-se, evidentemente, da graça que realiza a natureza, mas também da evocação de que, na vida espiritual, "levamos muito tempo para tornar-nos jovens". Se, nos olhos da criança, existir clareza, nos olhos do sábio haverá luz; o melhor talvez fique para o fim. O bom vinho pressupõe frutos maduros, o melhor está sempre no por vir, o melhor de nós mesmos ainda não foi revelado...

Se desejássemos resumir o episódio de Caná em um itinerário iniciático, poderíamos dizer:

1. Antes de tudo, despertarmos para a consciência de nossa carência. O vinho acabou, a alegria das núpcias já não ilumina nossos corações e inteligências. Esse ato de lucidez é uma oração dirigida ao Logos.

2. Estarmos à escuta do que ele pode dizer-nos – Seguirmos esses impulsos silenciosos que, às vezes, nos habitam e colocar o Evangelho em prática.

3. Realizarmos todas as possibilidades de nossa natureza humana. Utilizarmos o máximo possível todos os nossos sentidos. Vivermos os seis dias da criação, antes de conhecermos o repouso do sétimo.

4. Colocarmos em evidência e saborearmos a presença do Logos, na água das aparências e do cotidiano, embriagar-nos, alegrar-nos com o que há de melhor em todas as coisas.

Deixarmos amadurecer o melhor. Deixarmos crescer o que – antes de tudo – foi inaparente.

> Beber da invisível luz –
> Permanecermos em estado de núpcias,
> em Qanah da Galileia,
> no fervor do instante...

Meditação sobre os "Ego eimi" do Evangelho de São João

"A Gnose é o conhecimento
do nome e a inteligência do Evangelho".

(Clemente de Alexandria,
Stromateis I-IV, cap. IV)

Na nossa tradução, destacamos o grande número de "Ego Eimi"* que o Evangelho coloca na boca de Ieschua.

Em geral, tal expressão é traduzida por "Eu Sou" ou "Sou eu". É seguida, algumas vezes, por um qualificativo (Eu Sou a verdade, a luz, o pão etc.). Outras vezes, apresenta o caráter abrupto ou ambíguo de uma afirmação que dá um peso inaudito à própria presença de Ieschua: "Antes que Abraão fosse: *Eu Sou*".

Numerosos autores antigos e modernos reconhecem nela o próprio nome de Deus revelado a Moisés na Sarça Ardente, o que explicaria a cólera dos *iehudim* e a acusação de blasfemo que lançam contra Ieschua ao ouvirem em sua boca esse "Eu Sou"; o que explicaria, igualmente, o terror dos guardas no momento de sua prisão:

"Quando lhes disse *Sou Eu*, eles retrocederam e caíram por terra". Assim, São João atribui ao nome um poder que não se exerce somente sobre os crentes; com efeito, os soldados romanos não eram dos mais instruídos na exegese erudita do tetragrama sagrado.

Depois de ter lembrado algumas interpretações desse tetragrama, convém, portanto, saber em que contextos Ieschua "se apropria", assim, do nome divino, e como esse "Eu Sou" parece estruturar e desenhar o "mandala" do Evangelho de São João. Em seguida, poderemos interrogar-nos sobre o caráter particular da revelação contida na expressão "Eu Sou" do Cristo, colocando-a em ressonância, mais do que comparando-a, com os "Eu Sou" absolutos de santos e sábios que pertencem a outras tradições.

O NOME DO SER OU O SER QUE TEM COMO NOME "EU SOU"

Para um semita, o nome é a essência de um ser. É a sua própria presença.

Assim, o nome de Deus é temível porque é a manifestação do próprio Deus.

Na época da redação dos Evangelhos, o nome estava rodeado por tal respeito que só podia ser pronunciado em casos muito particulares (pelo sumo sacerdote, no templo, no dia das expiações)[1].

O desejo de conhecer o nome de Deus é, todavia, legítimo. Esse foi o caso de Moisés e de seu povo. O problema começa quando se trata de traduzir ou interpretar esse nome, fonte de inumeráveis especulações; é o mesmo que se dissesse imediatamente que é intraduzível:

"Moisés disse a Deus: 'Mas se eu for aos israelitas e lhes disser: O Deus de vossos pais enviou-me a vós! e eles me perguntarem qual é o seu nome, que lhes devo responder?' Então, Deus disse a Moisés: 'Ehyeh asher Ehyeh.' E acrescentou: Eis em que termos hás de dirigir-te aos israelitas: 'Ehyeh' enviou-me a vós" (Ex 3,13-14).

Em "Ehyeh" reencontramos a raiz do verbo "ser" (hyh). Em hebraico, este verbo significa "uma existência, uma presença ativa", daí a tradução mais corrente: "Eu Sou". A Bíblia grega dos Setenta irá traduzir "Ehyeh asher Ehyeh" por "Ego eimi ho on" e a Vulgata "Ego sum qui sum", daí as traduções em língua portuguesa que se inspiram nesta: "Eu Sou Aquele que É" – "Eu Sou Aquele que Sou" – "Eu Sou quem Eu Sou".

---

1. Cf. *A Michna*, Yoma 3,8; Tamid 3,8. Cf. Tamid 7,2. Cf. JAUBERT, Annie. *Approches de l'Évangile de Jean*. Paris: Éd. du Seuil, 1976, p. 162.

O livro do Apocalipse propõe uma versão desenvolvida desse mesmo nome, "Ho on kai ho en kai o erkhomenos" – Aquele que é e que era e que vem, lembrando assim que o "Eu Sou" divino contém todos os tempos[2].

Alguns interpretam o "Eu Sou quem Eu Sou" como uma recusa por parte de Deus em dizer seu nome.

> "Verás perfeitamente quem eu sou – Anda em minha presença e descobrirás o meu ser..."[3]

Thomas Merton chega ao ponto de traduzir: "Eu sou aquele que não existe" para lembrar que Deus não é um "existente" como os outros; caso contrário, seria mortal como tudo o que existe. "Eu não existo – *Eu Sou*".

Nesse aspecto, ele identifica-se com uma das tendências da exegese contemporânea que está empenhada em mostrar que a significação do verbo hebraico "hayah" não corresponde à de seu homólogo indo-europeu. A raiz "es-": refere-se (cf. É. Benveniste*) ao que é "autêntico, consistente, verdadeiro", ao que é imutável; em compensação, o verbo hebraico significa, de preferência, um devir, "uma existência que se manifesta por uma atividade".

"Eu Sou quem eu serei" – "Eu Sou o que farei contigo". Para E. Jacob[4], YHWH é aquele que *é*, mas em um sentido relacional e não metafísico. "Deus é aquele que está 'com' alguém". Identifica-se, assim, com a interpretação do Talmude e dos *midrashim*[5]: "Eu estou (Ehyeh) 'com' eles nesta aflição" e eu estou 'com' eles nas outras aflições.

---

2. Daí, o nome de "eterno" que lhe é dado por Calvino e algumas tradições protestantes. Cf. CALVINO, João. *L'Institution de la religion chrétienne*, I, XIII, 23.

3. Cf. A.-M. Dubarle, "La signification du Nom". *Revue des sciences philosophiques et théologiques*.

* Linguista francês, autor de importantes trabalhos sobre línguas indo-europeias, assim como sobre linguística geral [N.T.].

4. JACOB, E. *Théologie de l'Ancien Testament*, p. 38-43.

5. Rabbenu Shlomo – *Yishaqc de Troyes* (1040-1105).

Moisés diz diante dele: Senhor do mundo, a cada momento basta sua dificuldade! Deus responde-lhe: Disseste bem = assim, falarás aos israelitas: "Ehyeh" envia-me a vós... É assim que Rashi resume o ensinamento dos antigos. Ao fazer tal afirmação, os antigos desejavam insinuar que, por essa questão – "se eles me perguntarem: qual é seu nome?" –, Moisés tentou fazer com que Deus lhes transmitisse o nome que traz um ensinamento completo a respeito da existência e da providência.

O Santo – bendito seja – respondeu-lhes: Por que perguntam por meu nome? Não têm necessidade de outra prova a não ser que Eu Estou com eles em todas as suas aflições. "Que me invoquem e eu hei de atendê-los"[6].

Será necessário relembrar que um dos nomes de Ieschua adotado pela tradição cristã é "Emanuel", literalmente: "Deus conosco"?

Um outro aspecto que será encarnado por Jesus e que também está contido no mistério do nome é a misericórdia:

> "Fica sabendo que a ação do nome supremo, que é EHYEH, é a ação da misericórdia perfeita. É o nome que faz o bem e concede o dom gratuito. Ele exerce a misericórdia porque não está do lado do julgamento, mas do lado da misericórdia perfeita. Como está dito (Ex 33,19):
>
> "Diante de ti, proclamarei o nome de YHWH, favorecerei a quem quero favorecer e usarei de misericórdia com quem quero usar de misericórdia; tudo isso segundo a vontade que nènhum ser criado poderá conhecer. Graças à medida sefirótica do nome *Ehyeh*, que é inteiramente misericórdia, os israelitas saíram do Egito"[7].

"Deus com", "misericórdia": o cristianismo antigo retomará esses temas, indicando com precisão que o nome divino diz-nos

---

6. Cf. SED, Nicolas. "L'interprétation kabbalistique d'Ex. 3,14 selon les documents du XIIIe siècle". In: *Celui qui Est*. Paris: Éd. du Cerf, 1986.

7. GIKATILLA, Joseph. *Portes de la lumière*, cap. X, 1290 – Shaarey Orah, Édit. et F. Gottlieb, Jerusalém, 1970.

que “Deus É”, mas não nos diz “o que ele é”. Permanece em seu “*Eu*”, “para além de tudo”(Gregório Nazianzeno), até mesmo para lá do ser (o Pseudo-Dionísio). No entanto, “*Ser*” é o nome que mais lhe convém. Para Mestre Eckhart e outros autores da Idade Média: “Deus é o ser – o ser é Deus”.

> “O que está acima de todo nome não exclui nenhum nome. Pelo contrário, inclui em uma indistinção de igualdade (*aequaliter* indistinta) toda a espécie de nomes. Por consequência, nenhum deles é próprio de Deus, com exceção daquele que está acima de todo nome, em razão de sua comum imanência a todos os nomes. Ora, o ser é comum tanto à universalidade dos nomes quanto à universalidade dos seres. ‘Ser’ é, portanto, o nome próprio exclusivo de Deus”[8].

Deste modo, para Mestre Eckhart, a transcendência daquele que *é* manifesta-se, por assim dizer, em sua presença a tudo o que é. Daí tirará uma importante conclusão para a experiência mística: pelo simples fato de ser, “estamos em Deus”. Inclusive, irá mais longe, dizendo: “Somos Deus”[9].

> “O que é Deus? Aquele sem o qual nada é. É tanto impossível que algo exista sem ele, quanto ele sem ele próprio. É o ser de si mesmo e de todas as coisas, e assim, de qualquer forma, somente ele *é*, ou seja, é seu próprio ser e o ser de todas as coisas”[10].

Aqui, Mestre Eckhart retoma as passagens agostinianas do livro *De Consideratione* de São Bernardo. Cita, igualmente, a Bíblia: “Se ele não existe, quem, portanto, existe?” (Jó 14,4).

Será que, nesse caso, podemos pensar no Cristo ou em Hallaj que, no momento de seu desaparecimento supremo, deixam aflorar em seus lábios de homem o “Eu Sou” “daquele que é o único que *é*”?

---

8. MESTRE ECKHART apud BRETON, S. *Tradition et dépassement de l'ontothéologie*, “Être et Dieu”. Paris: Éd. du Cerf, 1986, p. 12.

9. Cf. Atos dos Apóstolos: “É nele que vivemos, nos movemos e somos” (17,28).

10. Apud LIBÉRA, Alain de. In: *Celui qui Est*. Paris: Éd. du Cerf, 1986, p. 159.

A APROPRIAÇÃO DO NOME DIVINO POR IESCHUA DE NAZARÉ

A tradição antiga do cristianismo vê na encarnação do Cristo a revelação e a manifestação do nome de Deus. A humanidade de Ieschua é a nova "sarça ardente" na qual queima – sem consumi-lo – o brilho da divindade:

> "Quando Moisés adquiriu o conhecimento dos mandamentos divinos? Com toda a certeza, quando o Senhor lhe aparece.
>
> Sob que forma se manifestou a Moisés? Sob a forma de uma chama de fogo no meio de uma sarça ardente.
>
> Então, Moisés pergunta: 'Quem és tu, Senhor?'
>
> O Senhor respondeu-lhe: 'Eu sou aquele que sou', e entregou-lhe uma dupla tocha: A luz do ser eterno *(lumen essentiae aeternitatis)* e a luz da verdade eterna *(lumen aeternae veritatis)*.
>
> 'A sarça ardia, mas não se consumia'; isso indica-nos o mistério da encarnação"[11].

Em suas *Conferências in Hexaemeron*, São Boaventura explicita melhor, na esteira de Gregório de Nissa, sua maneira de compreender o símbolo da Sarça Ardente:

> "O arbusto espinhoso significa o corpo passível do Cristo; a chama, sua alma; a luz associada à sarça, a divindade ligada, unida ao corpo por meio da alma. 'Portanto, vou achegar-me para ver' com Moisés essa grande revelação, ou seja, como Deus é homem"[12].

---

11. SÃO BOAVENTURA, col. "De decem praeceptis", vol. 2, n. 12 (V, p. 512).

12. In: *Hexaemeron*, Opera omnia, vol. 3, n. 13 (II, p. 345). Cf. NISSA, Gregório de. *La Vie de Moïse*. Paris: Éd. du Cerf, S.C. 1 bis, p. 370.

Nos Evangelhos, o lugar privilegiado no qual Deus se manifesta no homem Ieschua é a narrativa da transfiguração.

Em sua sarça de humanidade, Ieschua manifesta a luz da divindade, o corpo do Cristo torna-se transparente à presença do ser que o habita.

Moisés e Elias confirmam: foi realmente ele que os dois contemplaram na "sarça" ou na "brisa ligeira".

O Evangelho de São João não relata essa narrativa da transfiguração. É, antes, no ensinamento de Ieschua, em sua palavra, que vai aflorar a presença do "Eu Sou" que o habita.

Diríamos, inclusive, que todo o seu Evangelho é construído em torno da revelação desse nome.

Com efeito, quando juntamos todos os "Ego Eimi" do Evangelho de João, dá a impressão de aparecer um verdadeiro mandala. Este poderia ser o suporte de uma autêntica meditação, ao mesmo tempo ontológica e cristocêntrica.

Esse mandala é do tipo "solar":

– o centro ou o primeiro círculo simboliza a essência do ser: o centro inacessível do sol.

Em São João, esse centro é o tetragrama sagrado: "o nome Santo", o grande "Eu Sou", "Ego Eimi", mistério de seu ser;

– o segundo círculo simboliza a energia ou a irradiação da essência: os raios do sol.

Em São João, esse segundo círculo é o que ele chama o "Reino", ou seja, a vida na irradiação, na energia daquele que *é*, manifestadas em Ieschua de Nazaré.

Cada raio é uma qualidade ou um qualificativo de seu ser;

– o terceiro círculo – o mais afastado do centro – simboliza a ausência de luz, ou seja, a sombra, na qual não penetra a irradiação do sol.

Em São João, esse terceiro círculo é o que ele chama "o mundo", esse mundo que não recebe ou recusa a presença de Deus nele.

No Evangelho, o "mundo" é constituído por aqueles que recusam o Ensinamento de Ieschua e a iluminação de seu sopro *(Pneuma)*.

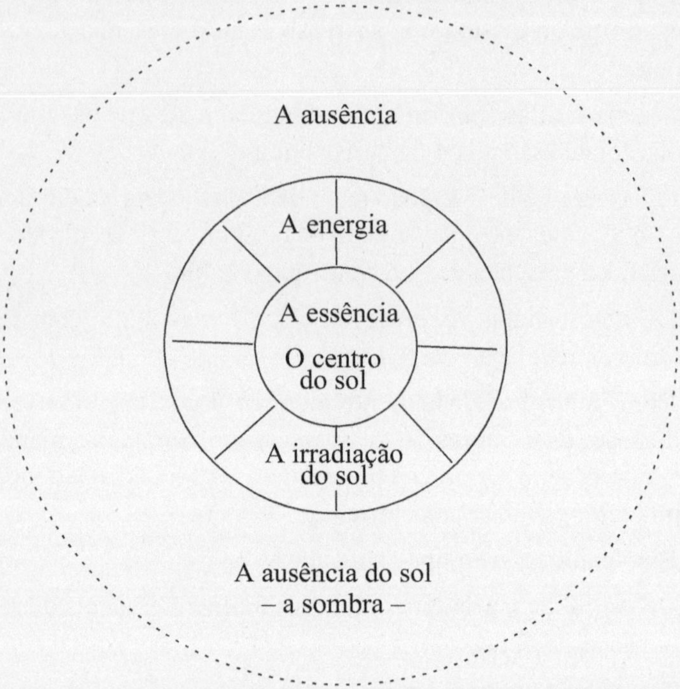

Gregório Palamas e a tradição do cristianismo ortodoxo hão de observar que a essência de Deus – como o centro do sol – permanece invisível, inacessível, incompreensível.

Deus não se faz conhecer senão em suas energias, na irradiação e na Dádiva de seu ser que são o *Pneuma* (o Espírito Santo) e o Logos (o Cristo).

Todavia, os raios do sol são realmente o sol, o que permitirá aos Padres da Igreja afirmar o realismo da divinização (pelo Filho, no Espírito), ao mesmo tempo que salvaguardam a transcendência de Deus.

Esse tema já está presente no Evangelho, quando Ieschua proclama "O Pai e eu, somos um" (O sol e seus raios são um), e ao mesmo tempo: "Ninguém viu o Pai, o Pai é maior do que eu" (a essência do sol é inacessível – não se pode ver a Deus sem morrer).

"Ego Eimi" no Evangelho de João

O itinerário interior que nos propõe esse mandala consiste em partir de onde estamos, ou seja, do "mundo" que, para cada um, pode ter uma tonalidade diferente.

É o mundo da ausência.

Ausência de amor, de luz, de paz, sentimento de estar no impasse, diante de um muro, com uma fome insaciável no coração ou uma impressão de secura, de desolação (ramos secos).

Para alguns, é também a tomada de consciência de sua alienação, de sua dependência em relação ao passado, às pessoas que se encontram à volta, a sensação de ser mais ou menos "o escravo" de pulsões ou paixões perversas, etc.

O estado de consciência simbolizado pelo "terceiro círculo" não é feliz. É o da ausência e da ignorância do ser verdadeiro, mas pode tornar-se também o espaço favorável para formularmos a pergunta: "quem sou eu?" – qual é meu verdadeiro "eu sou"? Ele encontra-se no começo de nossa subida em direção ao "centro/coração", a menos que nos confinemos na recusa, no não desejo da luz e transformemos essas trevas em nossa morada.

Para sairmos desse terceiro círculo, para não permanecermos no que São João chama "o mundo" e conhecer algo do Reino que é participação na irradiação do ser divino, podemos escolher um nome, uma qualidade do ser, através dos quais o ser parece tocar-nos de forma mais particular.

Alguns serão mais sensíveis ao nome "vida", outros preferem o nome "luz" ou "verdade"... como se o ser único tomasse um nome particular para cada um, um modo de irradiação capaz de tocar-nos e de pôr-nos a caminho.

Cada um dos "Ego Eimi" do Evangelho de São João são outros tantos temas de meditação, a partir dos quais Ieschua – em seu mistério – tenta vir ao nosso encontro exatamente onde estamos (no mundo), a fim de que, através desse nome, dessa qualidade, dessa energia particular, possamos ir ao seu encontro na fonte, no centro/coração, onde *ele está* realmente. "Onde eu estiver, quero que estejais também vós" (14,3).

Em uma leitura interiorizada, será que podemos fazer de cada um desses "Eu Sou" do Cristo um caminho em direção a nosso próprio "eu sou" essencial?

"Eu sou a vida" (14,6)

Mais do que a vida, eu conheço a fadiga de viver: "De que serve fatigar-se debaixo do sol?" Desde que um homem nasce, já é suficientemente velho para morrer. Não é a morte que dirá a última palavra em relação a meus esforços, meus amores, meus estudos?...

No entanto, em mim – ainda mais eu do que eu próprio – uma voz me diz: "Eu sou a vida". O sangue desliza em minhas veias, o sopro está na minha respiração, a seiva dos universos não me é desconhecida.

Estou doente, fatigado, mortal e, no entanto: "Eu sou a vida". A forma na qual existo poderá desaparecer, mas a própria vida não há de continuar?

O que é que morre quando morre um homem? Não é a vida. "A vida continua", como é costume dizer. Só pode morrer o que é mortal... Antes de todas as coisas, *ele é* a vida, nele "eu sou" a vida... "*Eu Sou*".

"Eu sou a porta" (10,7)

"Acuado contra o muro", "encontrar-se em estado de desespero", "confinado entre quatro paredes" – são outras tantas maneiras de traduzir uma experiência mais ou menos dolorosa em que, exteriormente, não se encontra uma saída.

Será necessário fazer o inventário de todos os muros encontrados, de todos os ímpetos quebrados? O muro é o que nos impede de "ver", de conhecer, de ir mais longe. Pode ser construído no nosso corpo, colocando, um a um, os tijolos da esclerose ou da doença que nos imobilizou. Pode ser construído no coração, impedindo todas as relações: "Entre nós, existe um muro". Pode estar na mente, como um "passo" que não conseguimos dar, uma compreensão que nos parece ser recusada...

Não se deve fugir do muro. Foi pelo fato de ter permanecido diante de um muro durante longos anos que Bodhidharma conheceu o despertar. Diante do muro, não conseguimos encontrar uma saída – uma passagem – a não ser no interior.

Então, eu compreendo a expressão "Eu sou a porta" – é em mim que deve ser feita a passagem para um alhures. A única saída sou eu mesmo e é em mim que deve ser aberta a porta. A porta dos sentidos, a porta do coração, a porta da inteligência... mas não se deve forçar essa porta!

Conhecemos a história do homem que fazia esforços denodados para abrir uma porta. Sem resultado. Em seguida, extenuado, deixou-se cair junto da porta e esta começou a abrir... da parte de dentro.

Eu sou a porta. Eu sou a chave.

Basta abri-la, abrir-nos.

Nesse caso, a experiência relatada pelo Apocalipse pode ser a nossa: "Uma porta abriu-se à minha frente, e ninguém poderá fechá-la".

No local onde antes eu via um muro, descubro o espaço. No local onde eu pensava que não fosse possível entrar ou sair, eis que permaneço no aberto.

Existe uma saída para a sem-saída.

"Ele em mim, eu nele" – "Eu sou a porta" – "*Eu Sou*".

"Eu sou a luz" (8,12)

Nas horas mais sombrias da minha noite, pensar e dizer simplesmente: "Eu sou a luz", pode dar origem à mais pura estrela... a que há de pousar por cima do meu estábulo, de minha estrebaria; com seu clarão, a lama e os miasmas de meu ser hão de aparecer em uma claridade de aurora...

Existe em mim – "ainda mais eu do que eu próprio" – uma luz que as trevas não podem alcançar, uma claridade de brasa que as cinzas não podem cobrir, uma centelha de deidade que o peso de todos os universos não poderia esmagar...

Na hora da minha morte, gostaria de encontrar alguém que me dissesse: "Não tenhas medo; tu és a luz, a pura, a clara luz de onde nascem e para onde voltam todos os mundos".

Que essa mensagem possa encontrar em mim um eco que lhe responda: "Sim, eu estava aí antes do surgimento do sol, da terra, do coração humano e das outras estrelas":

"*Eu sou a luz*" – "*Eu Sou*".

"Eu sou o pastor" (1) – (10,11)

Martin Heidegger fala do homem como sendo o "pastor do ser". Com efeito, a missão e o sentido do homem consistem em "cuidar do ser".

O mercenário de que fala o Evangelho é um homem que, antes de tudo, procura controlar, dominar, domesticar a natureza, com a ajuda de máquinas e do pensamento tecnológico.

Sua preocupação está fixada no que "produzem" as ovelhas, não as próprias ovelhas.

Quanto ao verdadeiro pastor ou bom pastor *(o poimen o kalos)*, cuida das ovelhas por si mesmas. Conhece cada uma pelo seu nome, ou seja, estabelece uma relação de intimidade com elas e não somente uma relação de produto com o produtor.

O sentido do ser humano não está no que faz, no que produz, no que transforma, mas no que ele *é*. Devemos tornar-nos "pastores do ser", não seus proprietários ou mercenários, isto é, devemos estar em condições de substituir o pensamento tecnológico, eficaz, pelo pensamento contemplativo que nos faz entrar não só na utilidade do ser, mas também na gratuidade do ser.

Existe em nós, às vezes, horas de silêncio, um pensamento extenso como o verde dos prados ou breve como a sarça do alto das montanhas – é o momento de dar pasto e repouso ao ser que está em nós... deixar tocar uma estranha flauta:

"Eu sou *O bom* pastor" – "*Eu sou*".

"Eu sou o pastor" (2) – (10,11)

O que Heidegger não diz é que o homem não é somente o "pastor do ser", mas é também o pastor do outro, e a pergunta formulada a Caim não é "o que fizeste do ser?", mas: "O que fizeste de teu irmão, o que fizeste do outro?"

Nesse sentido também, podemos ser bons, verdadeiros pastores, ou então mercenários. Podemos nos servir do outro, explorá-lo, utilizá-lo para nosso prazer ou para nosso poder, ou então cuidar do outro, desejar sua paz e sua felicidade.

> "Eu vim para que as ovelhas tenham a vida, e a vida em plenitude".

No momento em que o outro se extravia, seja ele meu amigo ou inimigo, no momento em que está machucado, quando seus passos ou seu espírito vacilam, que eu possa escutar em mim uma voz "ainda mais eu do que eu próprio": "Eu sou o pastor", o anjo, o guarda de meu irmão...

No momento de sua angústia e de sua aflição, que eu possa permanecer à sua frente, não como o animal selvagem que se alimenta com suas aflições, mas como o pastor que tem em suas mãos o gesto seguro que ergue e consola.

"Eu *sou o pastor*" – "*Eu Sou*".

"Eu sou o Filho" (10,36)

"Para – por que motivo corres? Neste instante, o Pai engendra em ti seu Filho, o céu está em ti, por que o procuras alhures?", perguntava Angelus Silesius e, na esteira de Mestre Eckhart, lembrava que o objetivo da vida cristã consiste em permitir a Deus estabelecer em nós essa relação filial, encarnada e vivida plenamente em Ieschua de Nazaré. "Que importa que o Cristo tenha nascido há dois mil anos em Belém, se hoje ele não nasce em mim?"

São Paulo dirá igualmente: "A prova de que sois filhos é que Deus enviou a vossos corações o Espírito (o *Pneuma*) de seu Filho que clama *Abba*, Pai! De maneira que já não és escravo, mas filho" (Gl 4,6).

Sermos filhos é sentir-nos vivos em uma relação de intimidade com a fonte do ser. Trata-se, com certeza, de uma relação ontológica, mas em que o coração está Presente; de uma relação não somente de causa a efeito, de criador a criatura, mas de Pai a filho.

> "Eu estou no Pai – o Pai está em mim" (10,38).

Será que podemos retomar por nossa conta essa palavra do Filho? Conhecer que a nascente e o rio formam uma só coisa: o ser que está em mim é um com o ser que está em Deus.

"O Pai e eu somos um".

Afirmar "eu sou o Filho de Deus", não será uma blasfêmia?

A tal pergunta, Ieschua já respondeu: "Não está escrito em vossa lei: 'eu digo, sois deuses'?" (10,34).

Portanto, a lei chama "deuses" àqueles a quem se dirigia a palavra de Deus e não se pode abolir a Escritura (10,35): "Àquele que o Pai consagrou e enviou ao mundo, dizeis 'blasfemas' por ter dito 'Filho de Deus. Eu Sou'" (10,36).

Nossa identidade verdadeira não é somente sermos filhos de nossos pais, os filhos do século e do mundo no qual vivemos, mas também sermos os filhos do vivo.

Não sou completamente determinado pela minha hereditariedade, pelo meu meio. Não sou o escravo de meus pensamentos, de meus desejos. Não sou somente o filho do acaso e da necessidade, átomo entre os outros átomos. Sou "presença do ser infinito", "presença" da infinita liberdade no mundo. Sou o filho de meu Pai, feito à imagem e semelhança do ser e do amor.

"Eu *sou Filho de Deus*" – "*Eu Sou*".

Haveria ainda outros "eu sou" para meditar:

– "Eu Sou a videira" (15,1) – Descobrir em mim próprio minha ligação com a vida, a unidade com os outros ramos, a comunhão na seiva.

– "Eu Sou o pão da vida" (6,35) – Descobrir esse alimento misterioso, esse maná interior (maná, em hebraico, *man-u*, queria dizer: "o que é que é?"), esse "não-sei-o-quê", esse quase nada, que dá resposta à nossa fome mais grosseira, assim como à mais sutil. Aprofundar esses instantes em que fico saciado, como se tivesse descoberto em mim a fruta-pão, à semelhança da samaritana que tinha descoberto em si "a fonte-de-água-viva".

– “Eu Sou a verdade” (14,6) – Sejam quais forem meus erros, minha mentira, minhas ilusões, existe em mim essa possibilidade de ser verdadeiro, de ser um com o que eu sou realmente. A verdade é uma qualidade intrínseca de meu espírito, é sua adesão não perturbada ao que *é*.

Ser e conhecer, o conhecedor e o conhecido são “um”: *Eu sou a verdade*.

– “Eu sou o caminho” (14,6) – Para chegarmos ao fundo de nós mesmos só existe um caminho: nós mesmos. Para “chegarmos” a nosso fruto, devemos aceitar nossa árvore, reconhecer nossa flor, seguir um caminho de seiva e amadurecer dia após dia.

“Eu sou o caminho” – Não sou o objetivo. “Aquele que crê em mim, não é em mim que crê”, dizia Ieschua.

O objetivo é o outro. Não é possível encontrar esse outro, esse incógnito que somos ou com quem somos “um”, senão no fundo de nós mesmos, na realização completa de tudo o que somos, porque “Eu Sou” veio completar e não abolir.

No termo do “Eu sou” da lagarta é que alça voo o “Eu sou” da borboleta...

O Ego é o caminho do Self, do mesmo modo que a lagarta é o caminho da borboleta.

O termo do caminho é o começo de um outro caminho...

O importante é avançar – dia após dia – às vezes rastejando, com essa impaciência que é o desejo ardente de bater asas até alcançar esse “instante” em que meu “eu sou mortal” despertará para o grande “Eu Sou” do eterno...

Essa meditação interiorizada dos diferentes “Ego Eimi” do Evangelho de São João não deve levar-nos a esquecer a dimensão histórica na qual eles se encarnaram, nem o caráter trágico dos acontecimentos que acabaram suscitando.

Com efeito, sempre que Ieschua pronuncia com sua boca de homem o nome divino, é acusado de blasfêmia e sofre ameaças de morte.

Mas importa confessar que, às vezes, Ieschua mostra-se provocador:

"Eu vou embora,
e vós me procurareis,
mas havereis de morrer no vosso descaminho.
Para onde eu vou,
vós não podeis ir.
Então, os *iehudim* começaram a se perguntar:
Será que ele vai matar-se, pois diz:
'Para onde eu vou, não podeis ir'?
Ele disse-lhes:
Eu Sou lá do alto,
vós sois cá de baixo.
Vós sois deste mundo,
eu não sou deste mundo.
É por isso que eu vos disse:
morrereis no vosso descaminho.
Pois se não crerdes que 'EU SOU',
morrereis nos vossos pecados" (8,21-24).

Para nós também, hoje em dia, não acreditar, não dar nossa adesão a esse Eu Sou "do alto", a esse *Eu Sou* essencial que não faz parte do espaço-tempo, é condenar-nos a viver na superfície, longe de nosso ser verdadeiro *(amartia)*.

Por seu ensinamento, Ieschua vem libertar-nos dessa desgraça. Dar-nos-á sua vida por isso.

"Quando ele for levantado da terra", veremos quem *ele é*. "Quando tiverdes levantado o Filho do Homem, então sabereis que Eu Sou" (8,28).

Isso pode parecer paradoxal: Ieschua diz-nos que veremos "o que ele *é, quem ele é*" no próprio momento em que justamente ele deixará de ser, como se fosse na sua morte que estivesse a revelação de seu ser. Nesse instante, vemos efetivamente que ele está inteiro no Pai: "Não faço nada por mim mesmo". "*Eu Sou*" é um outro.

Para nós mesmos, importa também não fazer de nosso "eu sou" um "ego em estado de inflação" porque "Eu Sou" é um *Outro*, uma outra consciência, uma outra vida. O "pequeno ego" deve ser relativizado, crucificado para que se manifeste o verdadeiro "Eu Sou" – "mais forte do que a morte".

É esse "*Eu Sou*" que é recebido, de frente, pelos guardas quando veem prender Ieschua no jardim das Oliveiras. As traduções em língua portuguesa nem sempre traduzem esse "Ego Eimi" e, nesse caso, é difícil compreender o motivo pelo qual os soldados caem para trás:

> "Ciente de tudo o que lhe ia acontecer,
> Ieschua foi ao encontro deles e perguntou:
> 'A quem procurais?'
> Eles responderam: 'A Ieschua, o Nazareno'.
> Ieschua disse:
> 'EGO EIMI – SOU EU'.
> Quando Ieschua disse:
> 'Ego Eimi – SOU EU',
> eles recuaram e caíram por terra" (18,4-6).

É esse "Ego Eimi" que irá dar à paixão segundo São João seu caráter sereno e régio.

> "Minha vida não será tomada, mas sou eu que a dou" – ele está totalmente consciente do que está em via de acontecer. "Será que não devo beber o cálice que o Pai me deu?" (18,11).

"O Cristo toma a cruz como o rei toma seu cetro, como sinal da glória que é poder universal sobre todas as coisas. Ele a transporta como o vencedor ostenta o troféu de sua vitória", dirá Santo Tomás de Aquino.

A atitude régia do Cristo no Evangelho de São João não retira o realismo de seu sofrimento e de sua morte. Ela lembra-nos que a cruz – através da aceitação de Ieschua – é revelação do ser de Deus. O "Eu Sou" de Ieschua revela-se na cruz como sendo o *Eu Sou* de um ser que *é* amor, e "de um amor que é mais forte do que a morte".

Em São João, paixão e ressurreição não estão separadas. São o sinal do duplo pertencimento de Ieschua – ao tempo e à eternidade.

Alguns exegetas formularam-se a questão: será que o homem Jesus sabia que era Deus?

A frequência dos "Ego Eimi" que São João coloca na boca de Ieschua parece mostrar que ele tinha plena consciência disso. Se não tivesse tido essa consciência firme e provocante do *Eu Sou* – YHWH, ele não seria Deus e não teria morrido como um blasfemo.

A este propósito, o momento mais significativo continua sendo a famosa passagem em que ele declara "existir antes de Abraão" e proclama, com relevo impressionante, o nome divino:

> "Em verdade, vos digo:
> antes que Abraão fosse,
> EU SOU.
> Apanharam pedras para atirar-lhe" (8,58-59).

RESSONÂNCIAS AO "EU SOU" NAS DIVERSAS TRADIÇÕES

Se São João insiste sobre esses diferentes "Ego Eimi" que parecem estruturar seu Evangelho, não é somente para mostrar-nos a divindade do Cristo, mas para indicar-nos também a profundidade do homem, aquela de que este é "capaz" e a que tipo de vida ele próprio é chamado.

"Antes que Abraão fosse, *Eu Sou*" – Todo homem pode fazer tal afirmação quando tiver encontrado seu ser de eternidade, seu ser "já ressuscitado" porque, como afirmam os Padres da Igreja: "Se eu não conhecer a vida eterna, desde esta vida, também não haverei de conhecê-la na outra..."

Se eu não despertar, hoje, para o meu "Eu Sou" essencial e transcendente, também não haverei de conhecê-lo mais tarde.

Interrogar os "Eu Sou" do Cristo, a consciência que ele próprio tem de ser um com "aquele que *é*", é interrogar a consciência do homem.

Podemos perguntar-nos se essa experiência do "Eu Sou" é própria ao Cristo e aos cristãos, ou será uma realidade universal, cujos ecos podem ser encontrados em outras tradições?

Aqui não se trata de fazer o inventário de todos os santos e de todos os sábios que – nas grandes tradições espirituais da humanidade – dão testemunho da experiência de um puro "*Eu Sou*", afirmação paradoxal que, às vezes, há de custar-lhes a vida, do mesmo modo que ela provocou a morte do Cristo.

Citemos apenas três exemplos: o de Hallaj, na tradição do islã, e os de Çankara e de Nisagardatta, na tradição hindu.

Em relação a Hallaj, místico muçulmano, condenado à morte em 922 por ter proclamado "Eu Sou", convém citar Louis Massignon:

> "Hallaj parece ter tomado consciência bastante cedo (antes de sua viagem a Khurasan) do derradeiro objetivo da via mística. Sua lucidez na análise e sua firmeza na vontade deveriam levá-lo a formular a permuta mística das vontades, no momento propício, em uma constatação decisiva, pessoal, sem ambiguidade, nem desculpas. E isso foi a afirmação 'eu sou a verdade' – *Ana'l-Haqq*, ou seja, 'meu *eu* é Deus', para toda a tradição muçulmana ulterior. Essa afirmação caracteriza Hallaj, é o sinal de sua vocação espiritual, o motivo de sua condenação, a glória de seu martírio"[13].

Segundo Rumi, Hallaj – nessa afirmação "eu sou a verdade" – não é um blasfemo, nem um monstro de orgulho, como pensaram seus acusadores, mas encontra-se no auge da humildade e do *Fana* (aniquilamento) porque nele deixou de existir "eu sou" humano, e é a própria boca da verdade que fala nele. Já não há lugar nele a não ser para o "Eu-Sou-de-Deus".

"Ele acreditava que o sábio – em relação a Deus – encontra-se na mesma situação do raio em relação ao sol, do qual sai e para onde volta, e de onde extrai sua claridade", acrescenta Fasawi.

Na tradição hindu, as referências à experiência do puro "Eu Sou" são mais frequentes. Esta pode até mesmo ser procurada sistematicamente, por exemplo, com a ajuda do Mantra "Ko-ham" – quem sou eu? – preconizado por Ramana Maharshi; trata-se de uma questão que deveria conduzir-nos de desidentificação em desidentificação até chegarmos à apreensão do "Eu sou" essencial.

Além disso, Maharshi afirmará o seguinte:

> "Todo o Vedanta está contido em duas passagens da Bíblia: 'Eu sou Aquele que sou' e 'Permanece tranquilo e fica sabendo que eu sou Deus'"[14].

---

13. MASSIGNON, Louis. *La passion de Hallaj*. Paris: Gallimard, 1975, t. 1, p. 168.

14. *L'Enseignement de Ramana Maharshi*. Paris: Albin Michel, p. 119.

No entanto, o texto mais importante que convém citar e que sintetiza perfeitamente essa tradição do Vedanta é o de Çankara, o Nirvanashatkari:

"Çivoham – Eu sou Çiva (Eu sou Deus – Eu Sou) –
Não sou nem espírito, nem intelecto, nem pensamento, nem o sentido do eu.
Não sou nem a audição, nem o paladar, nem o olfato, nem a visão.
Não sou nem o espaço, nem a terra, nem o fogo, nem o ar,
Eu sou inteligência e felicidade puras,
Eu sou Çiva, eu Sou.

Não sou o sopro vital nem os cinco ventos *(panca vayuh)*,
Não sou nem os sete componentes do corpo, nem as cinco bainhas,
Não sou os cinco órgãos da ação,
Eu sou inteligência e felicidade puras,
Eu sou Çiva, eu Sou.

Não possuo nenhuma aversão, nenhuma atração
nenhuma avidez, nenhum descaminho,
Não sinto orgulho, nem inveja,
Não tenho obrigações, nem interesses, nem desejos,
nem libertações a desejar,
Eu sou inteligência e felicidade puras,
Eu sou Çiva, eu Sou.

Para mim, não existem boas ações,
nem manchas, nem prazer, nem sofrimento,
Também não existem as encantações rituais,
nem os lugares santos, nem os Vedas ou o ato sacrificial,
Não sou a fruição, nem aquilo que possa servir ao gozo,
também não sou o agente da fruição,
Eu sou inteligência e felicidade puras,
Eu sou Çiva, eu Sou.

Não conheço a morte, nem a dúvida, nem as distinções de casta,
Tampouco pai ou mãe,
Nunca nasci,
Não tenho amigos, nem parentes,
tampouco mestre ou discípulo,

Eu sou inteligência e felicidade puras,
Eu sou Çiva, eu Sou.

Eu sou sem determinante, nem forma,
Por minha ubiquidade, não estou sem relação
com todos os órgãos dos sentidos.
Não conheço a libertação, nem a escravidão,
Eu sou inteligência e felicidade puras,
Eu sou Çiva, eu Sou".

Ao lerem este texto, os psiquiatras contemporâneos não têm qualquer dificuldade em descobrir nele todos os sintomas de uma doença mental grave:

Alguém que se considera a inteligência e a felicidade puras, que se considera Deus, só pode estar vivendo um delírio megalomaníaco. Não sentir vontade de nada, nem desejo, considerar o bem e a maldade como a mesma coisa, não ter subjetivamente pai, nem mãe, não será a descrição que se faz da criança autista ou do esquizofrênico, cortados do real, confinados em seu mundo interior?

É verdade que este texto pode ser perigoso se for lido sem referência com o estado de consciência do homem comum. Com efeito, ele descreve um estado de consciência "não comum", "não normosado". No entanto, não se trata de uma regressão no pré-pessoal como poderia pensar um pensador freudiano, mas de uma abertura para o transpessoal.

A este propósito, algumas pesquisas da psicologia contemporânea são úteis para distinguir o que pode ser a experiência de um ego desestruturado ou o Cântico do "Self " realizado.

Se é o ego que se apodera das palavras de Çankara para apropriar-se delas, é seguro que irá tornar-se louco e ficar em um estado de inflação perigoso para ele próprio e para as pessoas que estiverem à sua volta. Mas se o ego aniquila-se e deixa brotar através dele as palavras do "Self", a realidade do ser infinito que o habita, "Sat-Chit-Ananda", neste caso, estará aproximando-se da realização do "Jnana-Yoga" (Yoga do conhecimento).

Desidentificação não quer dizer dissociação, a apreensão do eterno não deve "cortar-nos" ou dissociar-nos do espaço-tempo; pelo contrário, deverá contê-lo.

Na nossa época, reencontramos essa experiência de Çankara e dos Grandes Rishis da Índia em Sri Nisargadatta, nascido em 1897, em Bombaim, e falecido no velho prédio onde tinha vivido, em setembro de 1981.

Ganhava a vida como fabricante e vendedor de cigarrinhos indianos. Aos trinta e sete anos, tornou-se o discípulo de um mestre que o aconselhou a ocupar-se de uma só coisa: "Tu não és o que julgas ser. Encontra o que és! Observa o sentido do "Eu Sou", descobre teu verdadeiro Self ".

"Fiz o que ele me disse para fazer. Consagrei todos os instantes disponíveis para observar-me em silêncio. Isso operou em mim uma mudança rápida e profunda. Bastaram três anos para apreender minha verdadeira natureza". Essa "verdadeira natureza" revela-se nele como a presença de um "Eu Sou" que não é o do "ego comum", mas aquele mesmo do ser que contém todas as coisas:

> "O universo inteiro *(mahgadakash)* existe apenas na consciência *(chidakash)*, enquanto 'eu sou' está no absoluto *(paramakash)*. No ser puro, a consciência desperta. Na consciência, o mundo aparece e desaparece.
>
> Tudo o que *é*, sou eu. Tudo o que *é*, é meu. Antes de todo começo, depois de todo fim, Eu sou. Tudo tem seu ser em mim, no 'Eu Sou' que brilha em todo ser vivo. Até mesmo o não ser é impensável sem mim. Aconteça o que acontecer, eu devo estar aí para ser a testemunha disso".[15]

E quando lhe perguntavam como chegava à realização desse "Eu Sou" – que é o nosso ser verdadeiro – ele respondia:

> "Ligai-vos à sensação 'Eu Sou' com exclusão de qualquer outra coisa. Quando o mental torna-se completamente silencioso,

---

15. NISARGADATTA. *Je Suis*. [s.l.]: Éd. Les Deux Océans, 1982, p. 29.

ele brilha com uma nova luz e vibra com novos conhecimentos. Isso acontece de uma forma totalmente espontânea; a única coisa que tendes a fazer é estar ligados ao 'Eu Sou'. É como sair do sono ou de um êxtase e sentir-se repousado, sem saber por quê, nem como nos sentimos bem. Da mesma forma, na realização, vós ireis sentir-vos completos, plenamente satisfeitos, libertados do complexo desejo-medo, continuando em uma situação de não saber explicar o que aconteceu, nem por quê nem como. Não podeis expressar esse estado de forma negativa: nada se passa mal em si. É apenas em comparação com o passado que sabereis que vos libertastes da situação.

Por outras palavras, não sois senão vós mesmos"[16].

Será necessário dizer que essas experiências de Nisargadatta, de Çankara, de Hallaj são as mesmas daquela que foi expressa no "Eu Sou" de Ieschua de Nazaré?

Não se trata de comparar, mas de colocar em ressonância esses diferentes "Eu Sou".

Não existe outra realidade, além da realidade.

Se o "Eu Sou" amante do Cristo é real, deve-se reencontrar sua presença em toda experiência autêntica: a luz, a verdade, o amor não são a "propriedade" de nenhuma tradição particular.

"O Logos é a luz que ilumina todo homem que vem a este mundo", diz o Prólogo do Evangelho de São João.

Ver essa luz brilhar nos mais diferentes rostos só pode regozijar-nos e convidar-nos – seja qual for nosso caminho – a tornar-nos, sempre cada vez mais, o que somos, e dar testemunho, na forma que nos é própria, do "Eu Sou" essencial, comum a todos os vivos.

"Onde 'eu estiver', quero que estejais também".

"Onde eu sou o que eu sou" no tempo e na eternidade, aderir e saborear a presença daquele que *é*.

---

16. Ibid., p. 351.

Elementos de bibliografia francesa

Nesta lista não constam as grandes obras de referência, supostamente, conhecidas (por exemplo: as diferentes edições da Bíblia* e do texto de São João, do Talmude de Jerusalém e da Babilônia, dos grandes textos intertestamentários – biblioteca de Nag-Hammadi e de Qumrân etc.), nem os artigos de revistas.

ALLO. *L'Évangile spirituel de St. Jean*. Paris: [s.e.], 1944.

ATLAN, Henri. "Niveaux de significations et athéisme de l'écriture". In: *La Bible au present*. Paris: Gallimard, 1982 [Col. "Idées"].

AUERBACH, Émile. *Mimesis, la représentation de la réalité dans la littérature occidentale*. Paris: Gallimard/Biblio des Idées, 1968.

AGOSTINHO, Santo. *Homélies sur l'Évangile de St. Jean*, n. 71-72, 1969-1977.

BANON, David. *La Lecture infinite*. Paris: Éd. du Seuil, 1987.

BARTH, Karl. *Introduction à la théologie évangélique*. [s.l.]: Labor et Fides [Trad. fr.].

BARTHES, Roland. *L'Aventure sémiologique*. Paris: Éd. du Seuil, 1985.

______. *Le Bruissement de la langue*. Paris: Éd. du Seuil, 1984.

* Na citação dos trechos bíblicos foi utilizada a nova tradução revista da *Bíblia sagrada*, publicada pela Vozes [N.T.].

______. *Le Plaisir du texte*. Paris: Éd. du Seuil, 1973 [Col. "Points"].

BLANCHOT, Maurice. *L'Entretien infini*. Paris: Gallimard, 1969.

BOISMARD. *Le Prologue de St. Jean*. Paris: [s.e.], 1953.

BONSIRVEN, J. *Le Témoin du Verbe*. Toulouse: [s.e.], 1956.

______. *Exégèse rabbinique et exégèse paulinienne*. Beauchèsne, 1938.

BOUYER, Louis. *Le Quatrième Évangile*. Paris: Casterman, 1956.

BRAUN, F. *Jean le Théologien, sa théologie*. Paris: Gabalda, 1972.

______. *Jean le Théologien et les grandes traditions d'Israël*. Paris: Gabalda, 1964.

______. *Jean le Théologien dans l'Église ancienne*. Paris: Gabalda, 1955.

BROWN, R. *La Communauté du disciple bien-aimé*. Paris: Éd. du Cerf, 1983.

CHARLIER, Célestin. *Jean l'Évangeliste*. Le Thielleux, 1978.

CHOURAQUI, André. *La Bible*. [s.l.]: DDB, 1985.

COHEN, Albert. *Le Talmud*. Paris: Payot, 1976.

CULLMANN, Oscar. *Le Milieu johannique*. [s.l.]: Delachaux et Niestlé, 1976.

DANIÉLOU, Jean. *Philon d'Alexandrie*. Paris: Fayard, 1957.

DERRIDA, Jacques. *De la grammatologie*. Paris: Éd. de Minuit, 1967.

______. *La Voix et le phénomène*. Paris: PUF, 1967.

DODD, C.H. *La Tradition historique du Quatrième Évangile*. Paris: Éd. du Cerf, 1987.

______. *L'Interprétation du Quatrième Évangile*. Paris, Éd. du Cerf, 1975.

DUBOURG, Bernard. *L'Invention de Jésus, L'hébreu du Nouveau Testament*. Paris: Gallimard, 1987.

DUFOUR, Léon. *Lecture de l'Évangile selon saint Jean*. T. I Paris: Éd. du Seuil, 1988.

DUPONT, J. *Essais sur la christologie de St. Jean*. [s.l.]: DDB, 1951.

DUPONT-SOMMER, A. *Les Écrits esséniens découverts près de la mer Morte*. Paris: Payot, 1959.

DUPUY, Bernard. "Heidegger et le Dieu inconnu". In: *Heidegger et la question de Dieu*. Paris: Grasset, 1980.

ECO, Umberto. *L'Oeuvre ouverte*. Paris: Éd. du Seuil, 1965 [Col. "Points"].

FESTUGIÈRE, A.J. *Observations stylistiques sur l'Évangile de St. Jean*. Paris: Klincksieck, 1974.

FEUILLET. *Le Mystère de l'amour divin dans la théologie johannique*. Paris: Gabalda, 1972.

______. *Le Prologue du Quatrième Évangile*. [s.l.]: DDB, 1967.

______. *Études johanniques*. Paris: [s.e.], 1962.

FÍLON DE ALEXANDRIA. *Oeuvres*. Paris: Éd. du Cerf, 1961-1973.

______. *Colóquio de Lyon*. [s.l.]: CNRS, 1967.

FOUCAULT, Michel. *Naissance de la clinique*. Paris: PUF, 1963.

______. *Les Mots et les choses*. Paris: Gallimard, 1966.

______. *L'Ordre du discours*. Paris: Gallimard, 1976.

GADAMER, Hans-Georg. *Vérité et Méthode*. Paris: Éd. du Seuil, 1976 [Verdade e método – Traços fundamentais de uma hermenêutica filosófica. 3. ed. Petrópolis: Vozes, 1999].

GRANT. *La Gnose et les origines chrétiennes*. Paris: Éd. du Seuil, 1964.

GRELOT, Pierre. *Évangiles et tradition apostolique*. Paris: Éd. du Cerf, 1984.

HEIDEGGER, M. *Acheminement vers la Parole*. Paris: Gallimard, 1967.

HESCHEL, Abraham. *Dieu en quête de l'homme*. Paris: Éd. du Seuil, 1968.

HUBY, J. *Mystiques pauliniennes et johanniques*. Paris: [s.e.], 1947.

HUNTER, A.M. *St. Jean, témoin du Jésus de l'histoire*. Paris: Éd. du Cerf, 1968.

JAUBERT, Annie. *Approches de l'Évangile de Jean*. Paris: Éd. du Seuil, 1976.

LACAN, Jacques. *Écrits*. Paris: Éd. du Seuil, 1966.

LAGRANGE. *Évangile selon St. Jean*. Paris: Gabalda, 1947.

LE COUR, Paul. *L'Évangile ésotérique de St. Jean*. Paris: Dervy Livres, 1983.

LÉVINAS, Emmanuel. *Transcendance et intelligibilité*. [s.l.]: Labor et Fides, 1984.

______. *L'Au-delà du verset*. Paris: Éd. de Minuit, 1982.

______. *Totalité et infini*. Haia, 1971.

LION, A. *Lire St. Jean*. Paris: Éd. du Cerf, 1974.

LOISY. *Le Quatrième Évangile*. Paris: 1903.

LUBAC, Henri de. *Exégèse médiévale*. 4 vols. Paris: Aubier, 1959-1964.

MESCHONNIC, Henri. *Le Signe et le poème*. Paris: Gallimard, 1975.

MUSSNER, F. *Le Langage de St. Jean et le Jésus de l'histoire*. [s.l.]: DDB, 1969.

NÉDONCELLE, Maurice. "Remarques sur l'intersubjectivité d'après Martin Buber et Emmanuel Lévinas". In: NEHER, A. (org.). *Mélanges*. Paris: Maisonneuve, 1975.

NEHER, André. *L'Exil de la parole. Du silence biblique au silence d'Auschwitz*. Paris: Éd. du Seuil, 1970.

______. *De l'Hébreu au français*. Paris: Klincksieck, 1969.

ORÍGENES. *Commentaire sur St. Jean*. S.C. Cerf, vol. 120, 157, 222, 290.

ORTIGUES, Edmond. *Le Discours et le symbole*. Paris: Aubier, 1962.

PERROT, C. *La Lecture de la Bible dans la synagogue*. Hildesheim: [s.e], 1973.

QUISPEL, G. *Jean et la gnose, dans l'Évangile de Jean*. Louvain: Rech. bibl. III, 1958.

RICOEUR, Paul. *Événement et sens*. Paris: Aubier, 1971.

SAUSSURE, Ferdinand de. *Cours de linguistique générale*. Paris: Payot, 1969.

SCHOLEM. *Les Grands courants de la mystique juive*. Paris: Payot, 1968.

SIRAF, Colette. *La Lettre hébraïque et sa signification*. [s.l.]: Éd. du CNRS, 1981.

STEINBERGER, Günter. *La Symbolique du bien et du mal selon St. Jean*. Paris: Éd. du Seuil, 1970.

STEINER, George. *Martin Heidegger*. Paris: Albin Michel, 1981.

______. *Après Babel, une poétique du dire et de la traduction*. Paris: Albin Michel, 1978.

TOMÁS DE AQUINO, Santo. *Commentaire sur l'Évangile de St. Jean*. T. 1 e 2. Rimont, 71390 Buxy, 1978.

TRESMONTANT, Claude. *Évangile de Jean*. Paris: Oeil, 1987.

TRIGANO, Shmuel. *La Demeure oubliée* – Genèse religieuse du politique. Lieu commun, 1984.

______. *Le Récit et la disparue* – Essais sur l'identité juive. [s.l.]: Les Essais, 1977.

VAN DEN BRUSCHE, Jean. *Commentaire de l'Évangile spiritual*. [s.l.]: DDB, 1967.

EDITORA VOZES LTDA.
Rua Frei Luís, 100 – Centro – Cep 25689-900 – Petrópolis, RJ
Tel.: (24) 2233-9000 – E-mail: vendas@vozes.com.br